書下ろし

プロ野球スカウトが教える
一流になる選手　消える選手

上田武司

祥伝社黄金文庫

しかし、コーチとして、スカウトとして思い出に残るのは活躍している選手ばかりではありません。努力が実ることなく、あるいはケガや故障に泣かされ、志半ばにしてユニフォームを脱がざるを得なくなった、多くの若者を目にしてきました。優勝劣敗の世界とはいえ、過酷な現実が待ち受けているのもプロの世界です。

２００９年春の第二回ワールド・ベースボール・クラシックで日本代表監督として2連覇を達成し、この年はセ・リーグ3連覇、日本一、日韓王者と四冠の偉業を成しとげた原辰徳《はらたつのり》監督は、巨人の新たな歴史を、そして新たな黄金時代を築くのではないでしょうか。ベテランと若手が融合している原巨人であれば不可能ではなく、巨人OBのひとりとしておおいに期待するものです。

二〇一〇年四月　球春に添えて

上田武司《うえだたけし》

目次

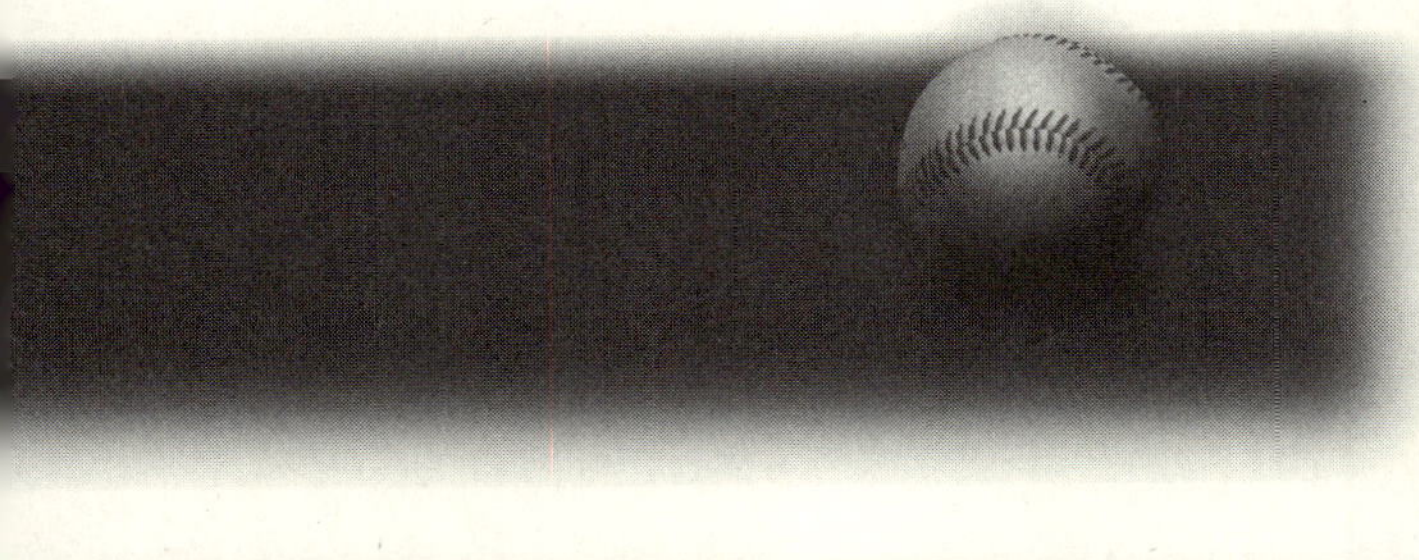

本文写真／津田聡（75、141ページ）上記以外は著者所有
本文図版／日本アートグラファー

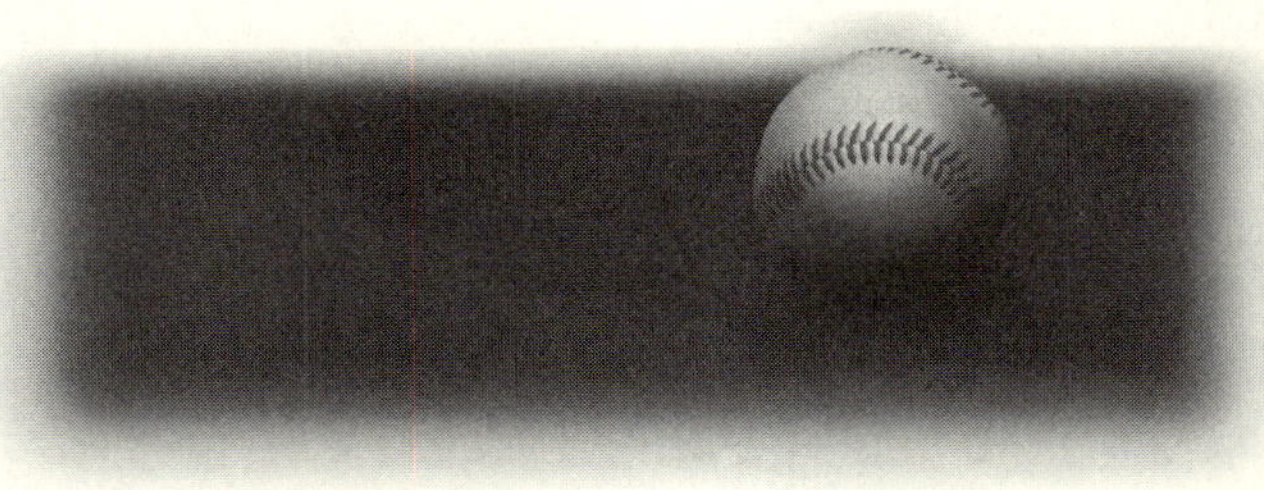

1章

彼らはなぜ
活躍できるのか?

運を味方につけた坂本勇人《さかもとはやと》と亀井義行《かめいよしゆき》

一軍入りした新人が、まず目標にするのはピッチャーなら敗戦処理でもいいからマウンドに上がる、野手なら守備固めでも代打、代走でもいいから使ってもらう、両方に共通するのはとにかく試合に出ることでしょう。

即戦力の実力がありチャンスさえ与えられれば、かつての長嶋茂雄《ながしましげお》さんや堀内恒夫《ほりうちつねお》がそうだったようにアマチュアでのキャリアに関係なく、即座に一軍の座を手に入れることができます。しかし、選手の多くはそうではありません。ポジションごとに実力が拮抗《きっこう》するレギュラー候補であるライバルが必ず立ちはだかるからで、その選手とのバトルに勝たなければ手に入れることができないのは、どの球団にも共通することです。

ただし、そうではない場合もあります。幸運の女神が微笑《ほほえ》むことがあるのです。巨《きょ》人《じん》軍のセカンドの定位置を手にした坂本勇人と亀井義行外野手は、その典型と言っていいでしょう。

坂本は二岡智宏《におかともひろ》が故障、ポジションに空きができ、さらには原辰徳《はらたつのり》監督が若手を起用することにためらいがなかったことも幸いしました。

二岡は不動のレギュラーだった巨人の看板選手のひとり。女性問題もあり北海道日《ほっかいどうにっ》本《ぽん》ハムに移籍させられましたが、故障が癒《い》えてそのまま巨人に残っていたら、坂本はまだ控えだったのではないでしょうか。

現役当時の私自身を含めて、運のない選手を何人も見てきました。たとえばピンチヒッターで出され、アウトコースの低めで3球ストライクを取られてベンチに戻り、「すみません」。王、長嶋クラスでも抑《おさ》えられているピッチャーを、代打が簡単に打てるわけがありません。

ところが運のいいバッターは、そういうときに甘い球が来てクリーンヒット、それをきっかけに逆転しようものなら、またチャンスが巡ってきます。二岡の故障で坂本に出番が回ってきて、きっちり結果を出したのは代打で快打を飛ばしたに等しいのです。

しかし、レギュラーになるチャンスが回ってきても、実力がなければ取れるはずがありません。チャンスがいつ来るかわからなくても、回ってきたときにつかめるように努力をしていたかどうか、これに尽きます。日ごろの練習をおろそかにしては力がつくはずはないのです。地道にそのときを待つ忍耐力も要求されます。ローマは一日にして成らなかったように、野球選手もそのときに備えられるかどうか、運を必然に変えられてはじめて、幸運だったと言えるのではないでしょうか。

一軍に定着する、レギュラーを取る条件を付け加えるとすれば守備のうまさ、守備力。二軍から一軍に上げる基準も守備力のあるなしで判断され、内野手なら2割5分打てればいいのです。

坂本も亀井も、守備力があったから一軍に抜擢されたのです。バッティングは数多く打席に立つうちに慣れてきてどうにかなる。150キロ超の速球も目が慣れてくれば、4、5打席に一度ぐらいはヒットを打てるようになります。出てくるピッチャー全員、150キロの速球を持っているわけではなく、そしてなによりバッティングは水物と言われるように、打力が弱くてもそれほどマイナスにはならないからです。

亀井も高橋由伸《たかはしよしのぶ》の故障をきっかけに外野の定位置を手にしましたが、類《たぐい》まれな精神力の持ち主であることも女神は知っていたのでしょう。大学球界を代表する走攻守三拍子そろった好選手で、巨人は早くに入団を取りつけていました。私はチーフスカウトだったので、大学のグラウンドによく顔を出していました。

亀井は一時期、肩を脱臼《だっきゅう》していたことがあり、「無理してはだめだ、休みなさい」と忠告したことがありましたが、主将で四番だった亀井は、「今年が大学生活最後の年ですから」と言って試合に出場、1、2打席続けてセーフティーバントでヒットを連発してみせました。ホームランが打てバントヒットも狙《ねら》える、さらに盗塁もできる器用さがある。亀井は高橋が故障で戦列を離れていなくても、堂々とポジション争いに参加できたでしょう。

ただし野球界も〝無事これ名馬〟。故障がちな選手は、どれほど才能があっても嫌われます。巨人を背負っていく選手だけに、これからは無理だけはしてほしくないものです。

内海哲也《うつみてつや》の祖父は元巨人、祖母が泣いた背番号

巨人先発陣の一角を占める内海哲也も私が担当したひとり。敦賀気比《つるがけひ》高当時から注目していて、当時の球団代表が、「なんとしても、内海は取ってくれ」というほど惚《ほ》れ込み、内海自身も巨人しか眼中にありませんでした。

というのも内海の祖父・五十雄《いそお》さんは、巨人で2年間プレーした元プロ野球選手。内海は、その五十雄さんから野球を教えてもらったこともあり、祖父と同じユニフォームを着て、巨人でプレーするのが夢でした。

私も、内海は絶対に獲得したい選手のひとりでしたし、1年生のときから注目し、足を運んでいました。当時は逆指名枠が2枠あり、高校生はドラフト3位でしか指名できませんでした。他球団が1位か2位で指名してくれれば、その時点でアウトになります。だから11球団の福井地区担当スカウトに、「内海はあきらめてくれ」と頭を下げました。

内海の母親に会い、何度も説得するうちにOKをもらい、「巨人以外の球団に指名されたら拒否します」と言ってもらえるところまで漕《こ》ぎつけました。もし他球団から指名されたら、内海は3年間、社会人で野球をする覚悟もできていました。

その話を11球団のスカウトにすると、10球団は指名をあきらめてくれたのですが、

1球団だけ、「冗談じゃない、内海はうちも必要としている選手だ」と譲りません。ドラフト前日まで説得したのですが、ふたを開けてみれば、1位で強行指名。それが2000年ドラフト会議でのオリックスでした。内海には東京《とうきょう》ガスに進んでもらいました。社会人野球に入団すれば、3年後には自由獲得枠（当時）で確実に獲得できたからです。

3年後、念願の巨人に入団し、祖父と同じ背番号26に決まると、祖母は泣いたといいます。

内海の家庭は裕福ではありませんでした。お母さんひとりで家計を支えていて、それでも内海が野球をやりたいというので、京都から福井の高校に通わせていました。わがままを聞いてもらったことになり、母親にはすごく感謝していて、プロに入ったら自分がふたりの弟を大学に入れると言っていたほどです。

それが家族への恩返しであり、一生、野球選手でメシを食うという覚悟・信念にもなっているのでしょう。言ってみればハングリーだったから厳しいプロの世界にも耐えられたわけで、2010年には巨人の選手会長にも推されました。まだ28歳と若いが、人望があり、後輩ピッチャーから慕われているのは、内海自身が苦労してきたからとも言えるでしょう。

どうしても巨人、二度も野球浪人した長野《ちょうの》久義《ひさよし》

ただし、裕福な家庭で甘やかされて育ったからといって、伸びないというわけではありません。野球に対する貪欲さ、これが俺の仕事だという自覚さえあれば、裕福な家庭、なにひとつ不自由なく育てられても、伸びる選手はいます。

一軍に上がるためにはどうしたらいいか、一軍でレギュラーを取るためにはなにをすべきか。きちんと目的意識を持って練習できさえすればハングリーであろうが、いい環境に育っていようが、それこそ野球の神様は公平に判断してくれます。

恵まれた家庭環境から巨人に入団した好例が高橋でしょう。長年、腰痛に悩まされていましたが手術を決断したあたりは、ただのお坊ちゃんではない精神力の強さも見て取れます。要は、純粋に野球そのものにハングリー精神を持っているかどうかではないでしょうか。

２００９年のドラフトでようやく巨人に入団した長野久義外野手は、日本大《にほん》４年生だった２００６年には北海道日本ハム、社会人野球のＨｏｎｄａ在籍時の２００８年には千葉《ちば》ロッテに、それぞれ指名されながら入団を拒否していました。

三度目の正直でようやく念願がかなったことになりますが、どうしても入りたい球団がある選手は昔から多く、悲劇は繰り返されてきました。

長野が二度も野球浪人をしたのは希望入団枠で入団できると思っていたからですが、２００８年には希望入団枠という制度がなくなってしまったのです。三度目は強行指名する球団が現れなかったことで、こちらもほっと胸をなでおろしました。国会でも取り上げられたように、職業選択の自由を奪うドラフト制度はやはり酷な制度です。

誰もが惚れる阿部慎之助《あべしんのすけ》の人柄

阿部慎之助は私がスカウト時代に取った選手のひとりで、まさに巨人には願ってもない素材でした。巨人には、中央《ちゅうおう》大ルートというのがあり、中央大野球部・総監督、宮井勝成《みやいかつなり》さんの娘婿で当時スカウト部長をしていた末次利光《すえつぐとしみつ》も中大出身。さらに阿部のお父さんも中大卒でこれだけ太いパイプがあれば、取れると確信していました。

２０００年のドラフトはピッチャーが欲しかったのですが、１巡目は逆指名で阿部に決まっていました。母校に毎年のように野球道具を贈ったり、ボランティア活動をしていることでも想像がつくように、阿部はすごく性格がいいのです。

「私がここまでになれたのは高校で育ててもらったからであり、大学でもいろんなことを教えてもらった。プロに入れたのも、私を指導してくれたみなさんのおかげです」と、今でも感謝の気持ちを忘れないでいます。

だから阿部はみんなから慕われ、阿部の悪口は聞いたことがありません。ファンが球場で見る、あるいはテレビ中継でもわかる明るい性格そのままの好人物です。

2章

プロ野球スカウトという仕事

プロ野球スカウトはなにをしているか

スカウトは各球団10人前後いるのがふつうで、高校生は北海道から沖縄まで地域ごとに担当が決まっています。私がスカウトになって担当したのは、神奈川、千葉、静岡の関東地域と、北陸地域の福井、石川、富山の合計6県でした。わずか6県、それも二つの地域で隣接しているから効率がいいと思われるでしょうが、そうではありません。

北陸3県は石川の50校が最多でも、神奈川はおよそ200校、千葉と静岡がそれぞれ150校ほどあり、この3県で500校にもなります。情報源は、それぞれの県の有力校の監督で10人ほどお願いしてありました。毎年、情報収集がスタートするのは夏の甲子園《こうしえん》大会が終わって新チームが編成され、翌年春の甲子園大会の選考対象になる各地区の秋季大会がメインになりますが、それだけでは終わりません。

プロ野球のオープン戦にあたる練習試合がひっきりなしに行なわれ、そこで目についた選手について、情報源の監督から報告されると、すぐに見に行くことになりますが、それは肩慣らしのようなもの。

11月から12月にかけて監督に連絡、すでにドラフト候補に挙げていた春に3年生になる生徒の成長具合を確認したり、2年生でいい素材の報告があると、現地に飛ぶことも珍しくないからです。

ただ、高校生ですから授業があり、練習は午後4時ぐらいから始まるわけで、1日に1校しか行くことができません。関東と北陸の担当地区で600校以上、全部を見に行けるはずがなく、情報源の監督を頼りにするしかないわけです。

しかも、担当するのは、高校生だけではありません。大学と社会人も守備範囲です。大学だけでも東京六大学リーグに東都《とうと》大学リーグ、首都《しゅと》大学リーグなどがあり、神奈川には神奈川大学リーグ、さらに千葉、静岡のリーグ、北陸には北陸大学リーグがあり、リーグは10を超えています。しかも二部制のところも少なくなく、これらもすべてカバーしなければなりません。

さらに、社会人にも目配りしなければならず、たとえ私が10人いたとしても、完全にはチェックできないでしょう。それぞれにノートを用意して新たな情報が入ると書き加える作業もあり、仕事量は膨大でした。

世間を騒がせた例の一場《いちば》（靖弘《やすひろ》・現在、東京《とうきよう》ヤクルト）問題では、一部の球団が栄養費を渡したことが発覚して大騒ぎになりましたが、逆指名や自由獲得枠で取れただけに、悪いこととは知りながらやらざるをえなかったのでしょう。スカウトはいい選手を見つけるのがいちばんの仕事ですが、入団まで漕ぎつけなければ、その仕事はなかったことになるからです。

スカウトの組織と、その苛酷な日常

スカウト部のトップは部長、巨人の場合はその下にチーフスカウトがいて、それが私の肩書でした。残る８人は平《ひら》のスカウトです。

１カ月に２回か３回会議があり、ドラフトの指名候補が議題になれば、担当スカウトとスカウト部長それに私を含む４、５人で、その選手を見に行くことになります。

時期的に７月から８月初旬に集中するのは、夏の甲子園の各予選や地区大会で敗退した高校３年生は、練習に出てこなくなるからです。行きそびれるようなことがあると、前年の秋から目をつけていた素材を失うことにもなりかねず、大失態を演じることになるから、スカウトは必死です。

人材が豊富な年にはスカウト全員が有望選手の名前を挙げることがあり、ひとりの選手を4、5人で確かめに行く余裕はなくなります。そういうときは会議で担当スカウトが撮影したビデオを回して解説し、スカウト部全員で意見交換することになります。

さらに現場の意見、一軍首脳陣の要望もプラスされます。「即戦力の中継ぎピッチャーがほしい、外野手もひとりは取ってもらいたい」とか、具体的な要求が上げられてきているからです。

しかし、その候補がリストから漏れていたりすると、また地方に出張しなければならなくなります。だから2カ月以上、休みが取れないこともありました。

リストができると、本格的に動き出します。夏の地区大会である甲子園の予選が対象ですが、頭が痛いのは、どの地区もほとんど同じ時期に行なわれること。その県の新聞を取り寄せれば大会日程がわかりますが、それからが大変。私の場合は担当地域6県の大会のタイムテーブルを用意し、白羽の矢を立てている選手の高校の試合がいつ行なわれるかチェックして観戦日程を作りますが、過密そのものでした。

ある年は、午前10時開始の神奈川の試合を5回まで見てから、次は千葉に移動。その試合が終了するやいなや、急いで石川に向かったことがありました。同じ県内なのに移動に時間がかかったのは静岡。太平洋に沿うようにして横に長く、球場も北から沼津の足利《あしかが》球場、静岡の草薙《くさなぎ》球場、そして南は愛知に近い浜松《はままつ》球場まで、かんべんしてくれと言いたくなるくらい点在しています。

電車で移動していては間にあわないから、マイカーを走らせることになります。今はETCがあり高速道路の乗り降りに時間はかかりませんが、あのころは高速道路用のプリペイドカード。料金所で、1回1回出すのも億劫になるほどでした。

北陸地区の大会だから、1試合じっくり観戦して、夜は観光地へ……なんて余裕などありません。富山で試合を見た後、福井の第4試合に駆けつけるような強行スケジュールを組まざるを得ない年もあったからです。夏の大会用に5万円のプリペイドカードを購入して、それを使いきることもあり、食事はコンビニのおにぎりや弁当を車で食べるのが日課、それぐらい忙しかったのです。

甲子園球場で高校野球を視察中

スカウト間で〝隠し球〟など存在しない

これほどハードな仕事ですが、一度でも失態を演じれば非難の矢面《やおもて》に立たされます。担当地区の選手を他球団が指名して、その選手を対象にしなかった理由をきちんと説明できれば問題ないのですが、チェックはおろか見てもいないときです。

これはスカウトとして許されないことで、クビにされても文句は言えません。しかし、網から漏らしていても他球団のスカウトが、

「上田さん、あの選手は見た？　無名に近い選手だけど、バッティングセンスは相当なものだよ」と教えてくれることも珍しくなく、

「そうか、来週にでも行ってみるわ」ということになります。だからマスコミはよく〝隠し球〟などと書きたてたりしますが、実際には隠し球など存在するはずがなく、その球団だけが指名したにすぎないのです。

同じ地区を担当していると、他球団のスカウト5、6人と行動をともにするのはふつうでホテルに同宿することもあります。他球団のスカウトはライバルであり、おたがい苦労している同業者でもあります。一緒にメシを食うこともありますが、一杯飲

みに行く体力は誰にも残っていません。夏の直射日光に1日中さらされて、日射病にかかったような状態で、シャワーはお湯ではなく、体のほてりを取るため水を浴びるほどでした。

同じスカウトでも国際部はうらやましかった。億単位の大金で取った外国人選手が使いものにならず、クビになってもおとがめなし。私も英語が話せたらなあと思ったものでした。

最近の巨人は、マーク・クルーンやアレックス・ラミレスのように他球団で活躍しながら、年俸で折りあいがつかなくなった外国人を入団させるようになっていますが、あれもひとつのスカウティングテクニック、賢いやりかたです。

球界は1年契約が基本。複数年契約した選手以外はシーズンオフになると、「来年も契約してもらえるのか」と不安になります。契約金という名の大金が前渡しされているだろうと突っ込まれることを覚悟で言うと、現役引退後に野球解説者などになれるのはごく一部にすぎません。2、3年でクビにされて路頭に迷う者もいる厳しい現実があるのです。

契約金と年俸

選手を指名、入団交渉が始まるとフロントの出番です。契約金と年俸、つまりお金の話になるからです。担当スカウトは、選手とその保護者や監督に金額を提示しなければならず、交渉に出向く前に球団代表やフロントに、「このくらいの金額でどうでしょうか」と相談します。

もちろん、その金額は幅を持たされていて、最低額と最高額も決めておきますが、契約のほとんどは、球団が提示した金額で成立することになります。

巨人は金の力にものを言わせて入団させているとよく言われますが、実際は他球団より少ないケースが多いのです。巨人というブランドの信用力は大きく、球場はいつも満員。そのうえ放映される試合数は減ってきているとはいえ、全国にテレビ中継されています。選手はお金より、巨人という球団に魅力を感じて入団してくるのではないでしょうか。

選手層が厚いぶん、試合に出られないのではないかと不安になる選手もいますが、選手層が手薄な球団などあるはずがなく、巨人はよくマスコミに取り上げられるので、そう思うだけです。どこの球団に入っても、すぐレギュラーになれるのは能力が卓越した、ごく一部の選手だけなのです。

〝不作〟の年はどうするか

担当地区によっては、いい人材が皆無、いわゆる〝不作〟の年があります。

私が担当していた北陸地区がそうで、1992年の星稜《せいりょう》高・松井秀喜《まついひでき》（現在、エンゼルス）の後は、1998年にドラフト1位で広島東洋《ひろしまとうよう》に入団した東出輝裕《ひがしであきひろ》内野手と2000年の内海ぐらいしか見あたりません。東出は敦賀気比高出身、内海の先輩で巨人は3位指名を予定していました。1位と2位は逆指名の上原浩治《うえはらこうじ》（現在、オリオールズ）と二岡で決まっていたので、3位は最大限の評価でした。

その広島は二岡を狙っていましたが、巨人を選択されて東出を1位指名しました。小柄だが快足の選手、広島で活躍しているのは当然です。広島は伝統的に高校生を指名することが多い球団です。北陸地区担当スカウトとしては残念でしたが、あきらめざるをえませんでした。

1億円の現ナマを積み上げた球団

これから話すことは、いっぽうの当事者である選手の保護者から聞かされた実話ですが、関係者の多くが球界の現役であることを考慮して選手名・球団名・場所などはすべて明かすことはできません。

1位指名を強行したものの入団拒否が確実なある選手宅に、1回だけは交渉してみようと球団代表とスカウト部長が訪問することになりました。ある〝手みやげ〟を持って。

交渉の席に着くなり、挨拶《あいさつ》もそこそこにテーブルの上に置いたのは、手みやげの1億円の札束。その選手の家庭は裕福とは言えなかったので、心変わりに期待していたらしいのですが、それを見た保護者は、

「なんですか、それは。子どもの夢はお金では買えません」とピシャリと言い放って入団を拒否したといいます。

大胆奇抜な入団交渉で、かつては契約金の他に家一軒プレゼントされた選手もいました。しかし、札束で横っ面をひっぱたくような行為は許されるものではなく、お金

の誘惑に負けなかった親も立派です。

卑劣な手口で、契約金に探りを入れてくる

ある年、すでに巨人は逆指名で2選手の獲得がほぼ確実になっていたときのこと。1月初旬に2位で入団OKの約束を取りつけた某・社会人選手がいました。巨人の他にある1球団がその選手を狙っているのがわかっており、時間をやりくりして練習を見に行っていました。半年ぐらい経ったころでしょうか、その社会人チームの監督が唐突に、

「巨人は契約金をいくら出すのか」と聞いてきました。理由を尋ねると、

「会社の上層部からの命令で、巨人とその選手を狙っている球団それぞれの契約金を報告しなければならない」と言うのです。

「契約金の話は選手とその保護者の前で話します。その席に監督も同席してかまいません」と答えると渋々、

「わかりました」と言ったきり、二度とこの話は出ませんでした。

じつは、もうひとつの球団から、「巨人の契約金が知りたい」と頼まれて探りを入れてきたわけです。この選手は巨人との約束を反故《ほご》にして、その球団に入団しています。契約金は巨人の1・5倍だったようですが、そこまで払う選手ではありませんでした。

こうした探りを入れてくるのは監督だけではなく、選手の有力者や後援会のケースもあります。スカウト仲間で探りあうのは珍しくないのですが、関与していない人物を使うのは卑劣きわまりなく、いまだに記憶に鮮明に残っています。

巨人に手を引かせた松中信彦《まつなかのぶひこ》サイドの要望

1996年のドラフト、巨人の意中の選手は、じつは福岡《ふくおか》ダイエー（現福岡ソフトバンク）に入団した松中信彦でした。肩にやや弱点はありましたがバッティングに魅力があり、ファーストで使おうとなりました。9月に、所属していたチームの監督に獲得の意思を伝えると、

「FAで西武《せいぶ》（現埼玉《さいたま》西武）から清原和博《きよはらかずひろ》が来るのではやれない。あきらめてほし

い」と言います。

たしかにスポーツ紙は連日のように、「清原は巨人入りへ」と報じてはいましたが、まだシーズン中です。私は、「いいえ、まだ決定していません」と説明しても納得してもらえないどころか、「清原を取るかどうかを1週間以内に返事をしてもらいたい」と言われる始末。

球団へ戻り上層部に相談すると、「断るしかない」が結論でした。福岡ダイエーが逆指名で獲得することになりましたが、巨人はファーストをダブルブッキングしようとしたわけではなく、もちろん保険をかけるような失礼な意図もありませんでした。

あの時点では清原が入団するかどうか、はっきりしていませんでした。もし、ＯＫの返事をもらっていたらどうなっていたか……は、たとえ仮定の話でも考えないようにするのがスカウトの習性です。何人取っても十分ではないピッチャーを除いて、この手の問題は毎年のように出てくるからです。

石川雅規《いしかわまさのり》と土下座

ドラフト候補にリストアップしていても、他球団とのかねあいから変更を余儀なくされることは珍しくありませんが、現在は東京ヤクルトのピッチャー陣の柱になっている石川雅規の件だけは忘れられません。

しかも石川のかわりの1位候補も他球団に持っていかれ、悔しい思いをしただけになおさらでした。石川から入団の確約を取りつけるために、青山学院大《あおやまがくいん》のグラウンドに日参、選手が来るより先にグラウンド入りしていました。

最初のうちは選手に声をかけても、「なんだ、このおっさんは」という感じで見られていましたが、巨人のスカウトと知られると、話ができるようになります。そして、選手のほうから「このところ走り込んでいたからか、ももに張りが出ていいピッチングができなかった」と話しかけてくるようになります。そんなときは、「無理するなよ」と言うだけでもうれしくなるらしく、プライベートの相談に乗ったりすることもありました。

毎日顔を出していると誠意を感じてもらえるのか、高校野球の大会で1週間は顔を出せなかったときは、お土産を渡しながら「ひさしぶりだなあ」と挨拶すると、喜んでくれたものでした。

石川は逆指名での獲得が決まっていて、ほぼOKでした。2001年8月23日に浜松で青学大と社会人のヤマハのオープン戦があり、試合終了後に現地で監督と部長、もちろん石川本人も交えて話しあい、「巨人でお世話になります」と快諾してもらいました。

気分よく東名《とうめい》高速道路で車を走らせていると携帯電話が鳴り、スカウト部長から、「石川1位は方針転換する」という連絡が入りました。ついさっき入団の約束を取りつけたばかりで、それこそ寝耳に水、呆然としました。

青学大の監督が新横浜に到着するのを待ち、なじみの寿司屋に行き、土下座すると、

「つい2、3時間前に話はついたのに、それはないだろう」と言われましたが、当然です。このときばかりは情けなくて、本気でスカウトを辞めようと思いました。

巨人は石川のかわりに日南学園《にちなんがくえん》高の寺原隼人《てらはらはやと》（現在の登録名は寺原早人《はやと》）を指名し

ますが、競合入札で、福岡ダイエーに取られ、結局はずれ1位の姫路《ひめじ》工業《こうぎょう》高の真田《さなだ》裕貴《ひろき》（現在、横浜《よこはま》）に落ち着きました。スカウトの悲哀を感じた苦い思い出です。

3章

才能を持ちながら消えた理由

入団前は天才、5年たったら……

1996年に日本石油《にほんせきゆ》からドラフト2位（逆指名）で入ってきた小野仁《おのひとし》というピッチャーがいました。全日本のメンバーに高校生としては史上はじめて選ばれたほどの逸材でした。当時、世界最強とうたわれたキューバを相手に連続三振をやってのけたほど、それはすごいピッチャーだったのです。

ところが巨人に入ると、肩はぜんぜん問題ないのに、持ち味の鋭いカーブを投げられなくなりボールも走らない。超高校級と早くから注目され、しかも全日本に選ばれたことで精神的に追い込まれていたのか、コントロールも悪くなっていました。

その原因として考えられるのは、プロの野球に接してショックを受けたことがあったのかもしれません。球が速いだけでは通用しないのがプロの世界、コントロールもないとだめだと思ったのでしょう。コントロールをつけようとするあまり、腕が振れなくなり、さらに変化球も曲がらなくなった。どんどんどんどん、悪いほうに向かっていくわけです。

気持ちの問題でもありますが、プロの壁にぶつかってそれを打ち破れなかったことになります。「コントロールはいいから、全力で投げろ」とアドバイスすると、練習ではそのとおりにできるのに、いざゲームになるとやっぱり小手先で投げるから通用しない。何年もその繰り返しで、「こんなはずじゃなかった……」と思いながら登板するうちに、ふつうの選手になってしまいました。

球団が変われば、気持ちの持ちようも変わるのではと、近鉄《きんてつ》にトレードに出されます。私は調査役という立場上、トレードも担当していたので二軍のウエスタンリーグを視察に行った際、近鉄の本拠地だった藤井寺《ふじいでら》球場に行き、二軍のピッチングコーチ、元巨人の小林繁《こばやししげる》（2010年死去）に会って、

「小野はどうだ」と聞いてみました。すると、

「いや、だめです。使いものになりません」と嘆くばかり。チームが変われば、彼も変わるのではと思いましたが、うまくいきませんでした。

高校生で全日本に選ばれることじたいがすごいことで、巨人にも鳴り物入りで入団。キューバ戦で好投したのが結果的にプレッシャーになったのかもしれませんが、やはり精神的に弱く、プロ向きではなかったのかもしれません。気の弱い、ノミの心

臓と言われた選手には何人か接したことがあり、脅したりすかしたりすればなんとかなったのですが、小野にはそれが通用しなかった。並外れた才能を持っていただけに、かえすがえすも残念です……。

プロ野球では、ドラフトの数日前からしか選手と接触できないなど、入団契約に漕ぎつけるまで多くの制約があり、本人と直接話す機会は極端に少ない。キャンプで実際に指導するうちに、ようやくその選手の性格がおぼろげにわかるようになります。とはいえ、本当にわかるのはオープン戦を含めた実戦で使ってからのことです。

スーパー二軍選手からスカウトへ転身した大森剛《おおもりたけし》

東京六大学リーグでは史上6人目の三冠王、慶応義塾大《けいおうぎじゅく》から1989年のドラフト1位で入団した大森剛。大森は、「他の球団に行けば一軍のレギュラーになれるのに……」と言われていたのは、私もよく耳にしました。落合博満《おちあいひろみつ》が移籍してこなければ、ファーストの定位置を取っていたのではと言われましたが、実力があればファーストでも、あるいは外野のポジションでも取れたでしょう。それは運のあるなしとは違います。

大森が二軍で20本以上のホームランを打っているころ、一軍に上がりバッティング練習するのは午後2時前後の早い時間でした。ひとり10分前後で、大森を見ていると打撃投手のストレートだけ打っていました。私はたまりかねてゲージの後ろから、「おい大森、ゲームになったらそんな球が来るか」と言ったことがあります。

選手には、スコアラーから相手ピッチャーが投げるコースや球種などいろいろな情報が入っています。1、2球目はアウトコースにストレート、3球目インコースにフォークボールといったように。

「大森、対戦したピッチャーがおまえにどんな球を、どこに投げているかデータを取っているのか」と聞いても耳を貸さず、変化球を打つ練習はまず見たことがありませんでした。

「バッティング練習10分のうちストレートは3分、それもアウトコースに投げてもらえ。残り7分は変化球を打ってみろ。その練習をしないと一軍では通用しないぞ」と言ったこともありました。

マスコミには「どうして大森を一軍に定着させないのか」と書かれたりしましたが、それは大森の練習を見ていないから言えることです。大学野球から鳴り物入りで入団して、一軍の打席に入ると同じパターンで凡打の繰り返し。「自分になにが足りないのか、なにをしないといけないのか」を考え、修正できなければ一軍には定着できません。相手ピッチャーが攻めてこないところを練習しても、なんの役にも立たないのはアマチュアでもわかるでしょう。

二軍と一軍のピッチャーを比べると、ストレートの伸びも変化球のキレも、もちろんコントロールもまるで違う。二軍では好打者でも一軍とはレベルがまるで違います。その後、大森は近鉄に移籍しますが、1999年に戦力外通告を受け退団、選手生活にピリオドを打っています。

しかし翌年、巨人にスカウトとして復帰。東北・北海道地区を担当するようになり、新たな才能を発揮するようになります。私はチーフスカウトだった時期もあり、大森とよく話をする機会がありましたが、選手を見る目は確かでした。

それが実を結んだのが2006年、高校生ドラフト1位で獲った坂本。1位指名した堂上直倫《どのうえなおみち》が阪神《はんしん》、中日《ちゅうにち》との競合になり、中日に指名権を引き当てられ、坂本はそのはずれ1位でしたが、プロ入り後の活躍は坂本が断然上回っています。この年のドラフトでは、大森は坂本を強力にプッシュしていました。担当スカウトとして青森の光星学院《こうせいがくいん》高の主力選手だった坂本の素質を見抜いていたのでしょう。

大森は人柄がよく、誰からも好かれる性格。巨人と近鉄で苦労したことはむだではなく、これからも巨人の将来を背負って立つ人材を発掘してくれると期待しています。

自分のフォームを見つけられなかった谷口功一《たにぐちこういち》

私が育成監督のころに接したのが、1991年のドラフト1位、天理《てんり》高から鳴り物入りで入団した谷口功一投手でした。性格はまじめそのもの、練習も熱心にやっていました。

1994年当時、私が毎日メモしていた日誌にも、谷口はよく登場しています。その4月中旬から下旬までを抜き出してみると、

「4月15日　谷口のフォーム矯正《きょうせい》の件、今のままではどうしようもない。ゲームからしばらく、離してやってはどうか」

「4月16日　谷口、フォーム修正の件で話をする。朝、宮田《みやた》コーチにTEL、直すところはすべて一致する。肘《ひじ》からリードさせて投げさせると、ひじょうによい感じが出る。バックスイングで後ろを小さくさせて投げさせる」

「4月20日　谷口、ピッチングフォームをビデオに撮る。見るのと自分の感覚の違いが解ってくれれば良いのだが」

「4月22日　谷口、ピッチングフォーム、少し解りかけている。右手を体から離さないで上げる。これを少し続けさせていく」

　5月になるとフォームに力感《りきかん》を求めるようになりますが、それとひきかえにフォームそのものがバラバラになってしまいました。結局、プロで通用する自分なりのフォームを見つけられずに退団しています。期待が高かっただけに残念でなりません。

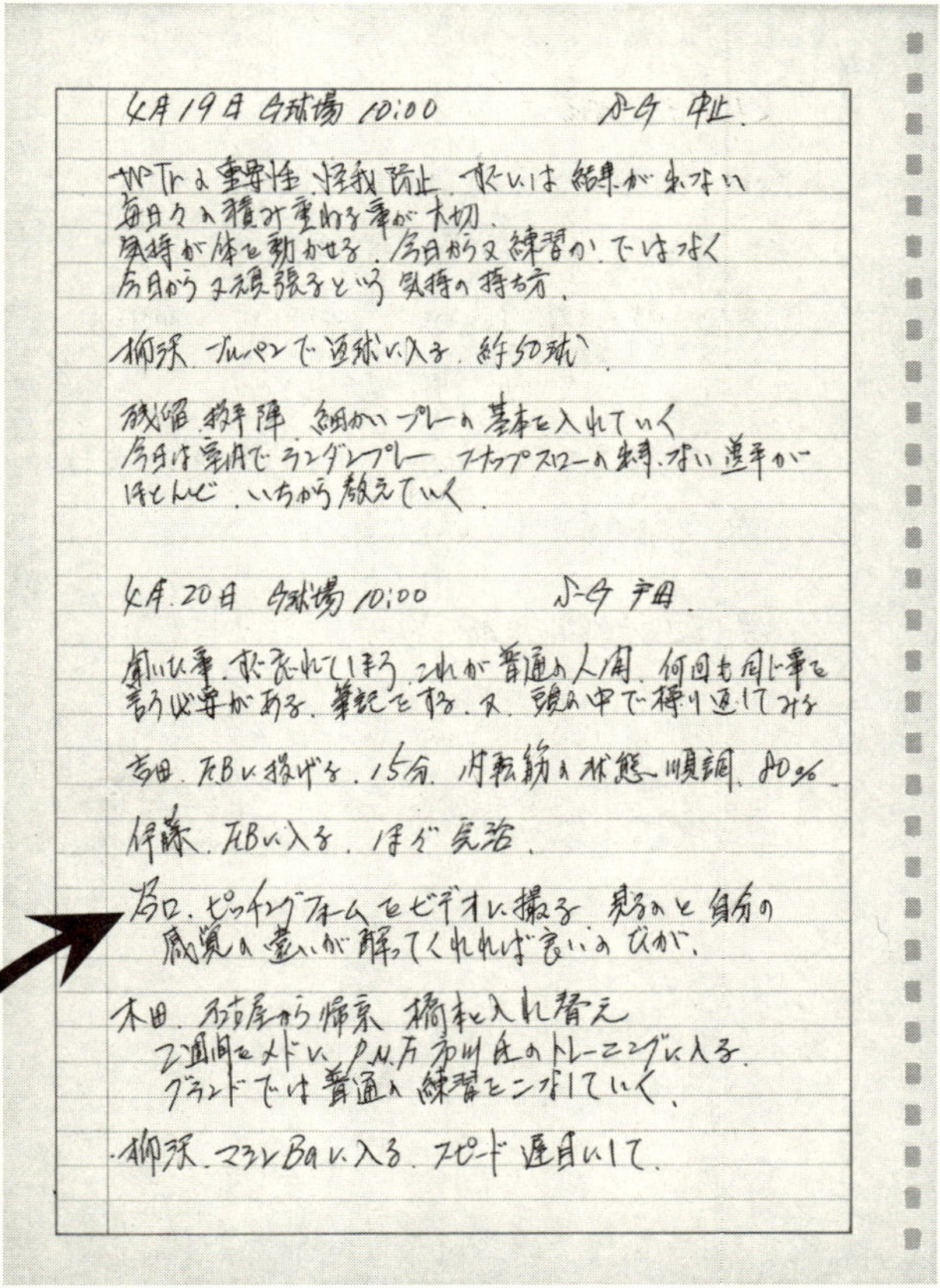

コーチ時代の日誌。担当選手の状態や目標を記述

150キロ右腕・西山一宇《にしやまかずたか》が潰《つぶ》れたわけ

谷口と同じくらい印象に残っているのが、1992年松井がドラフト1位のときに、3位でNTT四国《しこく》から入団してきた西山一宇投手。150キロの速球が武器の本格派でもちろん即戦力候補でしたが、肘に持病を抱えていて曲げられず、アーム投げ、俗にいう担《かつ》ぎ投げになっていました。

アーム投げというのは肘を使っていない投げかた。正しい投げかたは、肩と肘と手首で三角形を作り、手首より先に肘が出てくる。これはオーバースロー、サイドスロー、アンダースローでも同じです。

そのままにしていたら西山はまた肘を壊すことになるからと、まず肘を治すことを最優先することにしました。二軍のピッチングコーチと二人三脚で行なうことになり1カ月ぐらいで肘は曲がるようになりましたが、ピッチングにそれまであった力感がなくなっていました。

それでもスピードガンで計測すると145キロ前後はあったから、それを西山に伝えると「え、そんなに出ているんですか」と驚いていました。本人も自分の感覚とはほど遠かったからですが、毎日、練習しているうちに必ずものになると私たちコーチも手ごたえを感じていました。ところが、二軍の試合でピッチャーが足りなくなり、「西山を使わせてくれないか」と打診され、

「今、投げさせたらまた潰れます」と抵抗したのですが、

「どうしても、試合に連れていきたい」と言われては反対のしようがありませんでした。試合に送り出すときに、

「打たれてもいいから、矯正中のフォームで投げるように伝えてください」と二軍の首脳陣に頼みましたが、やはりアーム投げで抑え込もうとしたのです。

力感を求めるからなのかフォームがおかしくなって戻ってきましたが、間もなく肘の張りも取れて今度こそ徹底的に鍛え直そうということになりました。順調にメニューも消化できるようになり、西山の表情が明るくなってきていたのが指導している私にもわかりました。

このまま順調にいけばと思っていたときに、今度は一軍・長嶋監督から声がかかりました。150キロ投げる本格派であることは、ドラフトのときに長嶋監督は知って

いますから、一度その目で確かめてみたかったのでしょう。「ようやく、よくなりかけてきたところですから、今年は使わないでください」と言ってみたのですが、「投げられるんだろう」と聞かれれば、「はい」と言うしかありません。横浜《よこはま》球場で登板しましたが、また元の木阿弥《もくあみ》。その後はストッパーや中継ぎでそこそこ働きはしたものの、もう少しがまんしていれば違う結果が出ていたのではないかと思うと、悔やまれます。

記録ずくめの高校・大学時代、プロでは並

1996年のドラフト3位で入団した早稲田《わせだ》大の三沢興一《みさわこういち》も、注目されながら巨人では芽が出ないままに終わったピッチャーのひとりです。

エースで四番だった帝京《ていきょう》高では春の甲子園大会を制覇、早大では1年生の春からマウンドに立ち通算31勝をマークした右腕は、1996年アトランタ五輪の日本代表に選出されています。

アメリカ・フロリダのフォートワースで行なわれた日本代表の合宿には私も行きましたが、とにかく豪華の一語に尽きるメンバーでした。井口資仁《いぐちただひと》（現在、千葉ロッテ）、松中に三沢と、大学球界を代表する選手がそろい、巨人はできることなら全員欲しい。三沢は初戦のオランダ戦で先発勝利するなど大活躍、コントロールがすばらしかったので即戦力として巨人は取ることになりました。

ところが、実際に指導してみると球にスピードがない。最速141か142キロでは、プロとしては物足りない。プロの一流ピッチャーは、勝負球にアウトコースのストライクゾーンぎりぎりを狙うのが定石のひとつですが、三沢は10球投げて思いどおりのところに5球いくかどうか。

決まれば1アウトを計算できるのですが、少しでも甘く入れば打たれてしまう。球威があれば、少々のコントロールミスはカバーできます。ところが悲しいかな、三沢のボールにはその球威がありませんでした。

プロ入り後、三沢がピッチングの師と仰《あお》いだのは桑田真澄《くわたますみ》。桑田ファミリーの一員になり岡島秀樹《おかじまひでき》（現在、レッドソックス）らとともに自主トレにも同行しています。

ただ桑田の全盛期は過ぎていて、お手本にするにはやや心もとなかった。桑田のいいころは直球に威力があり、コントロールもよかったのですが……。

また、三沢には球威不足のほかにも欠陥がありました。ピッチングフォームがきれいで威圧感がなく、そのうえバッターから見ればタイミングが取りやすいことでした。少し技術的な話になりますが、ピッチャーは投げるときに球を握っている手が頭の後ろに隠れます。そのとき5センチ、ステップが前に出ていれば、その5センチぶんだけバッターには球の出所が見えにくくなるのです。

いわゆる球離れが遅くなり、バッターには隠れたところから出てくる感覚になります。球の出どころが見えにくいと、スピードがあるように錯覚させる効果もあり、三沢の早大の後輩である福岡ソフトバンクの和田毅《わだつよし》はこのタイプの典型です。

三沢には配球も、もっと工夫してほしかった。速い球はなくてもコントロールのよさを生かす投球術で、そのお手本は通算251勝を挙げた東尾修《ひがしおおさむ》です。東尾の決め球はスライダーで、それを生かすためにバッターの懐《ふところ》をえぐるようなえげつない球を投げていました。ブラッシングボールに近い投球でしたが、東尾流と恐れられたものです。

三沢は、性格的におとなしくそれをできなかったのですが、1試合に2、3球、バッターをのけぞらせ、「狙ったな、コノヤロー！」と怒らせる勇気があれば、ピッチングは変わっていたでしょう。

ファーム不動の四番・原俊介《はらしゅんすけ》の不幸

1995年のドラフトは、PL学園《がくえん》高の福留孝介《ふくどめこうすけ》（現在、カブス）を1位指名しましたが、7球団が競合のうえ抽選で近鉄に負け、はずれ1位で原俊介を取っています。原を指名したのは、原監督から出されていた「控えが手薄なキャッチャーを取ってほしい」という要望を尊重したからです。

この年はキャッチャーが不作の年、原も中日と競合したすえに、当たりくじを引き当てました。高校生キャッチャーではナンバーワンの評価。しかも東海大相模《とうかいだいさがみ》高ですから原監督の後輩。話題には事《こと》欠かなかったのですが、レベル的には高くありませんでした。

ドラフトにはこういう年もあり、うまく伸びてくれればと期待しましたが、２０００年に阿部が入団してキャッチャーとしての出番は事実上、なくなります。

巨人のドラフト1位は即戦力選手を指名することが多く、スター選手候補でもあり、そのプレッシャーは他球団の比ではないでしょう。原の場合は育てることを前提に指名しましたが、一軍は遠かったと言うしかありません。

スター予備軍が潰れる酒と女

才能を持ちながら消えた選手の理由で、技術やメンタル面以外に、よくあるのが酒と女。個人名は明かせませんが、多くの選手がさまざまな誘惑に負け、球界を去っていきました。

高校から入団してくる選手はともかく、大学から入ってくる選手は法律上すでに成人で大人です。だが、社会を知っているとは言えず、ちやほやされるとその気になってしまうのです。

タニマチというか、プロ野球選手マニアとでもいうか、そんなファンに誘われて、酒の味を覚え女性とも交際するようになり、つきあいと心得ているうちはいいが、溺れてしまって……というケースです。

プロ野球の選手には意志の強さが必要なのに、それをどこかに置き忘れてしまうわけです。

かくいう私も、ピッチャーで入団、すぐに肩を壊して投げることができなくなりました。練習はランニングだけ。夕方から治療のために新宿のスポーツマッサージに通わされることになり、ネオン街の灯りが気になります。

ついふらふらとなってもおかしくありませんでしたが、幸いなことに肩が治るまでにそれほど時間はかからず、誘惑に負ける前に新宿通いは終わりました。長引いていれば、今の私はなかったかもしれません。

4章

プレッシャーに強い選手がしていること

一流選手とプレッシャー

私のような選手はもちろん、超一流、名手と呼ばれる人でもプレッシャーを感じていることがわかったのは、巨人の先輩である広岡達朗《ひろおかたつろう》さんや阪神で〝牛若丸〟と呼ばれた守備の名手・吉田義男《よしだよしお》さんと話す機会があったときでした。

9回裏2アウト満塁、そこでエラーしようものなら逆転サヨナラ負けを喫《きっ》するようなときに守備に就《つ》いているのは、それこそ冷や汗をかきそうになるくらいプレッシャーを感じて、できることならその場から逃げ出したくなります。

それをふたりに話してみると口裏を合わせたように、「オレだっていやだった。打球が飛んでくるなと願ったものだよ」と言うではありませんか。

それを聞いて、私程度ではプレッシャーを感じるのはあたりまえと、急に気が楽になりました。それからは、ピンチを迎えても「エラーしたらどうしよう、送球が暴投になりはしないか」とは考えなくなりました。

これをきっかけに、守備だけではなくバッティングでもプラス思考ができるようになり、同点の1アウト満塁、1アウト三塁でピンチヒッターに起用されたりすると、

「よし、ここでヒットを打てば、明日は新聞の1面だ。外野フライでも勝ち越せる」と思い、プレッシャーどころかワクワクしながら打席に立ったものでした。

コーチになって広岡さんと吉田さんの話を思い出し、それをなんとか二軍の練習に活かせないかと考えたのが、プレッシャーがかかるシーンを想定した守備練習。それも選手には褒美《ほうび》を用意した練習で、その内容は2アウト三塁、ランナーが帰れば同点になる、というもの。

もちろんバッター勝負、30本ノーエラーならメシをおごるか、欲しいものを買ってやるという賭けをしました。選手は真剣そのもの、結果は10回のうち7回は選手が勝ちました。練習で自然にプレッシャーを克服できるようになったと考えると、うれしい出費です。

プレッシャーと、どうつきあうか？

一軍の選手とも、プレッシャー克服を目的に賭けをしたことがあります。宮崎《みやざき》キャンプのときで、対象は単純なバント練習でした。

賭けの相手は江川卓《えがわすぐる》、定岡正二《さだおかしょうじ》、西本聖《にしもとたかし》、角盈男《すみみつお》、鹿取義隆《かとりよしたか》ら主力ピッチャー。なぜバント練習かというと、ピッチャーは打席に入れば確実にバントを転がすのが仕事になるからです。

その日は早出《はやで》の早朝練習で、朝9時にグラウンドに集合して早速マシンをセット、一塁と三塁のベースの前に1メートルの円を描く。その中にバントでボールを10回のうち5回入れたら、選手の勝ちという賭けでした。負けると食事をごちそうする約束で金を出すのはコーチのふたり、私と土井正三《どいしょうぞう》さん（2009年死去）。

賭けに勝った選手のほうが多かったのですが、負け組のひとりだった江川が、「あと1本だけ打たせてください。それが入ったら勝負はチャラにしてくれませんか」と泣きが入り、土井さんと私が認めてやるとみるみる顔つきが変わり、集中していくのがわかりました。そして見事に決めてみせたときは、さすがはエース、たいした集中力だと感心しました。

新人を二軍キャンプからスタートさせる理由

プロに入って最初に受ける洗礼は、アマチュア野球ではお山の大将だったプライドをずたずたにされることです。ピッチャーが投げる球もバッターの打球も、アマとは桁《けた》が違います。高校では誰よりも速い球を投げていたピッチャーが、練習場で先輩と並んでピッチング練習しようものなら、一度で自信をなくしてしまいかねません。

だから、社会人や大学から即戦力として取った新人以外は、一軍のキャンプには呼ばず、二軍スタートがふつうです。甲子園で活躍したスラッガーや速球派ピッチャーをいきなり一軍からスタートさせる球団もありますが、あれは人寄せパンダ、球団の興行策と見るのが正解です。

桑田や清原のように、高卒の新人が1年目から一軍で活躍することもありますが、彼らは10年、20年にひとり出るかどうかの逸材、例外中の例外です。

高卒ルーキーは、まずプロの体を作ることが優先です。二軍でじっくり走り込み、野球の基本から鍛え直す。3、4年後に活躍してくれることを期待しているからで、いいものを持っていれば、それをさらに伸ばそうとなるのです。急がば回れ、けっしてあせってはいけません。

二軍選手ほど自己過信

私がプロでやっていける自信を持ったのはプロ入りして6年目、24歳のときです。守備固め要員として一軍に上がり、最初の出番は7回か8回。試合も終盤になるとグラウンド状態は悪く、イレギュラーを覚悟して守備に就かなければなりません。守備要員なのに私自身はうまいとは思っていないから、「球は飛んでくるな」という心境でした。

なんとか無難にこなす試合が続くうちに、周囲から「上田は守備がうまい」と言われるようになり、バッティングでも結果を出せるようになって、はじめて自信らしきものを持てるようになりました。

二軍の選手のなかには、「俺はこんなにがんばっているのに、どうして試合で使ってくれないのか」と不満をそれとなく訴える選手がいますが、評価は監督やコーチがするもの。本当にうまくなればアピールしなくても試合に出します。使わないのは、まだ課題が残っているからであり、それをクリアできれば必ず声はかかります。

二軍選手の自己評価は過信につながる恐れがあり、そうした選手で大成した者はいません。アマチュアであろうとプロの選手であろうと、練習は嘘をつかない。技術が伴うようになれば認めてもらえると信じて、練習に打ち込むのが二軍選手のあるべき姿と断言できます。

二軍選手にオフはない

今は、ドーム球場が増えて雨天順延は少なくなりましたが、私が現役のころは朝起きて雨が降っていると、「今日は試合が中止になる」と思っただけで、うれしくなったものです。

その試合は10月の予備日に組み込まれることはわかっていても、休日は休日。キャンプの休養日に門限が1時間延長されるだけで選手は喜ぶのだから、試合そのものが中止になればどれだけワクワクしたことか、それはおそらく想像以上です。

世間で働く人が金曜日の夜、休みの前日に解放感を味わうのに似た感覚と思ってもらえればよく、私だけではなく選手全員がそうでした。シーズンが終わるまで緊張感を持続させなければならない一軍選手は、休むのも仕事のうちでもあるのです。

しかし、プロとして半人前の二軍選手にそんな余裕はありません。練習が休みの日でも体を動かす、バットを振るぐらいでなければ一軍に上がる日は遠のくことになります。

野球協約では、オフの12、1月の活動は禁止されていますが、それは球団としての活動を禁止しているだけ。個人的にはなにをしても許されるわけで、巨人に所属していればジャイアンツ球場はいつでも選手に開放されています。室内練習場があり、バッティングマシンも用意されているから、その気があれば練習漬けの1日を送れるのです。

じつは、居心地がいい二軍

二軍には二軍の練習メニューがあります。それをこなして、「今日は終わった」となりがちですが、そうではないのです。まだやり残してはいないか、一軍に上がるためにはなにが足りないのかを考えないといけません。

私の現役当時は、プロとして見込みがない選手は早ければ2年、だいたい3、4年でクビになっていました。今は5、6年置いてくれることもあり、二軍生活が10年(!)になる選手も珍しくありません。二軍の試合数が増え、選手の絶対数が必要になったことに加え、新人教育のためベテラン選手が必要になった事情もあるのでしょう。

日本の二軍選手とアメリカのマイナーリーグ所属の選手を比較すると、日本の選手はアマちゃんと言うしかありません。マイナーの選手はハングリーそのもので他の選手を蹴落としてでもメジャーに上がろうとしています。

いっぽう日本では、プロ野球の選手になれた、子どものころからの夢がかなったと満足して、それ以上は望まない選手もいます。そんな選手に共通するのは3、4年を二軍で過ごすうちに、「俺は一軍には上がれないな」と勝手に見切りをつけてしまうこと、いわゆる〝二軍ずれ〟と呼ぶ状態で、目的意識が薄らいでくるのです。

プロ野球選手が一軍を目指さなくなったら、球団に残っている意味はない、そういう選手は自分から球界を去り、新たな人生を歩むほうがいいと思うのは私だけでしょうか……。

メジャー留学で学んだ、すさまじいハングリー精神

私は3年目のシーズン終了も近い9月のある日、球団事務所に呼び出されました。「そうか、俺もクビか」と覚悟して行くと、アメリカのメジャーリーグ・ドジャースに留学しろと言う。クビにされるよりはましで、アメリカに行ってみると、もちろんマイナー。

アメリカの野球を知るいい機会とのんきに構えていると、チームに溶け込むのもそこそこに試合でショートを守れという。たまたまショートのポジションが空いていたからでしたが、その後日本で体験したことのない厳しい日々が続くことになるとは夢にも思いませんでした。

全56試合ほとんど出ずっぱりだったのはいいのですが、対戦チームの選手は2A、3A所属の、どんな形でもいいから試合で認められ、メジャーに上がろうとしている

選手ばかり。それこそ上昇志向、ハングリー精神のかたまりで、蹴落とし踏みつけていくには私は格好の標的だったのです。56試合でもらったデッドボールはなんと15個。満塁でもぶつけられたときは、さすがにあきれました。

親しくなった選手から聞いた話ですが、「日本人のバッターに打たれるようでは上に上がれない、打たれるぐらいならぶつけるほうがいい」とピッチャーは腹をくくって投げていたという。

ピッチャーだけではなく、守備に就いているときのランナーもそうでした。ダブルプレーにはおあつらえむきのイージーゴロがサードに飛び、二塁ベースに入りファーストへジャンピングスローしようとすると、ランナーはベースに滑り込もうともせず、スパイク裏の歯で私をえぐるようにスライディングしてくる。

今では日本のプロ野球でもふつうになっている、メジャー流のスライディングを私は40年以上前に経験していたわけです。しかし、富める国・アメリカで味わった、そのハングリー精神に学ぶところは大でした。

読書家・桑田真澄《くわたますみ》が読んでいた本

野球選手に読書家は意外に多いのです。オープン戦を含めれば、1シーズン150試合以上あり、そのうち半分は遠征試合。飛行機や電車で移動することになり、本を読む時間はたっぷりあるからです。

最近の選手は漫画本を読むことが多くなっていますが、テレビや映画の原作になるなど良質な作品も珍しくなく、書籍を読むことに匹敵するかもしれません。

私が知っている巨人の読書家は桑田で、分野を問わずよく読んでいる姿を目にしたものです。これは読書の範疇《はんちゅう》に入らないかもしれませんが、英語の勉強もしていて外国人選手とよく英語で話していました。

川上哲治《かわかみてつはる》監督は禅に精通していたことで知られますが、私は戦記物をスタートに、現役のころから主にミステリーを読むのが楽しみでした。和久峻三《わくしゅんぞう》、太田蘭三《おおたらんぞう》、西《にし》村京太郎《むらきょうたろう》の作品はほとんど読んでいます。野球選手は体を動かすのが職業だけに、本を読むことで精神のバランスを取っていたのかもしれません。

ただし、良質な漫画本を手にするならともかく、ヌード写真やエッチ記事が満載の週刊誌を移動の電車で読むのはいただけない。球団創設者・正力松太郎《しょうりきまつたろう》の「巨人軍はつねに紳士たれ」の言葉を持ち出すまでもなく、そういう類の本は自宅で目にすればいいだけのこと。

巨人の遠征はグリーン車を使いますから、ファンの目があるのです。子どもたちがそれを目にしたら、どう思うか。プロ野球選手は芸能人とは言わないまでも、ファンあっての商売であることを忘れてほしくないものです。

5章

運は引き寄せられる

チャンスに打てる人、打てない人の差

相手が存在する勝負には表と裏がある。将棋や囲碁もそうですが、野球も二つのチームにピンチとチャンスが訪れます。自分のチームがチャンスを迎えたときは、相手チームはピンチに立っている。チャンスが回ってきたときに、より多く得点したほうが勝つのです。

ピンチとチャンス、ピッチャーとバッター、どちらが不利で苦しいかとなれば、圧倒的にピンチを切り抜けなければならないほう、つまりマウンドのピッチャーです。満塁でもあろうものなら、2アウトでも球は走らなくなる。得意の変化球でコースを狙おうとしても甘くなりはしないか、ストレートはバットを合わせられるだけで外野に運ばれるかもしれない。ああ、俺はどこに投げればいいのかといった心境になるもので、バッターにしてみればこんなときはバッティングチャンス。

ところが、相手ピッチャーに負けず劣らずビビってしまうバッターもいる。「打てなかったらどうしよう」と心配するからで、そんな選手には私はポンと肩を叩きながら、「考えてもみろ、ストライクを取らなければならないピッチャーのほうが数倍つ

らいんだ」とはっぱをかけ、「おまえはいいな、こんなチャンスに打てるんだから」と持ち上げることもありました。

チャンスで打てるかどうかは場数を踏んでいるかにもよりますが、なにより大事なのはプラス思考、相手を見おろすことです。運は選手ひとりひとりが持って生まれてくるもので、ドラフトで抽選になりながら希望どおりの球団が引き当てるのは、運を持っている選手とも言えるのです。

ピンチヒッターに起用されたものの、ピッチャーにその日一番のピッチングをされることもあれば、エースが甘い球を投げてきてホームランを打てることもある。運不運は、ピンチとチャンスのように表裏一体と考えてはどうでしょうか。

ベンチの監督もコーチも、今日はどの選手に運があるかはわかるはずがなく、いい働きをした選手に運があったということになります。運は結果論ですが、それを引き寄せるためにも練習あるのみなのです。

運を引き寄せる名人だった駒田徳広《こまだのりひろ》

ベンチにいる選手は、いつ出番が来てもいいようにつねに戦況に気を配っていますが、そうは言っても使ってほしいときとパスしたいときがあります。

他の選手を押しのけてでも、「ハイ、私が行きます！」と手を挙げたくなるのがノーアウトか1アウトで、満塁か一、三塁のようなシーンです。外野フライでも1点入り、走者一掃の快打を飛ばそうものなら打のヒーロー。お立ち台でファンから喝采《かっさい》を浴びるシーンまである。だから、ベンチの代打要員は監督に指名してもらえるようにアピールします。

対照的に監督と目を合わせないようにするのが、クリーンナップも抑えられて敗色濃厚な試合。ピッチャーの打席で代打を使うのが常道で、凡退してもいいとわかっていても出たくない。

私はホームランバッターではありませんでしたが、サヨナラホームランを2本打っています。「ここで打てば、次の日は新聞の1面だ」と思うと気合いが入り、そのとおりになり、うれしさをかみ殺しながらダイヤモンドを一周したのを覚えています。

玉の海 全勝でターン

デイリースポーツ

花も実もある2打席連続アーチ

上田 逆転サヨナラ2ラン

胸はずませ最高の日

渡米もれ 結婚で奮起

救援伊藤久 悪夢の一投

中日実らぬ堀内KO

記念品

監督室

たいしたもんだ上田は

川上監督　上田株もウナギ上りだ。たいしたもんだ。自信みたいなものが出ている感じだ。堀内はスピードを殺してコーナーをついているが、そりゃまずいといっているんだ。どうも豪快さがない。

先制がきいたこの連勝

別当監督　いまは勝ち星が少な

サヨナラホームラン掲載のデイリースポーツ
(1971年7月12日・1面)。川上監督のコメントも

プラス思考が運を引き寄せたわけですが、その名人と言えば駒田徳広でしょう。1983年シーズンが開幕して間もない4月中旬、後楽園《こうらくえん》球場で行なわれたヤクルト戦に初のスタメンで出場し、初打席で満塁ホームラン。史上はじめての快挙ということもあり、駒田の名前はこの1発で全国区になりました。

運が強いと言うしかありませんが、駒田は日本シリーズでも巨人時代にMVP、横浜時代に優秀選手賞をそれぞれ獲得しています。ここ一番の集中力は並はずれていたからですが、運をつかむ、チャンスをものにすることにかけては超一流でした。

私がサヨナラホームランを打ったときも、駒田がスタメンで起用されたときも監督やコーチが、「この選手は調子がいい」と判断したからです。原監督は思いきった選手起用で知られますが、それは選手ひとりひとりの状態を把握しているから可能になるのです。控えのひとりであっても、あるいはレギュラーにもう一歩の選手でも、次のステップへのチャンスは必ず巡ってくると信じて、準備を怠ってはなりません。

勝利の女神は一度しか微笑まないのか？

　厳しい言いかたになりますが、バッティングはしょせん水物。そのいい例が、現役当時の王貞治《おうさだはる》さんであり、今の球界で探せば埼玉西武の中村剛也《なかむらたけや》（おかわり君）が当てはまるでしょう。

　そろってホームランバッターであり、三振も多いのです。三冠王になっている王さんは3割バッターでホームラン50本前後、打点は100点オーバーで四死球も100以上、そのいっぽうで三振も100を超えていました。中村は打率こそ低いものの、ホームラン王と打点王の二冠に輝き、三振は140個以上記録してダントツの三振王になっています。

　長距離バッターに共通する宿命で、それをわかっているバッティングコーチは三振の山を築くことは承知で長打力を最優先、バッティングフォームは絶対いじりません。三振の数を減らそうとすれば、ホームランも減らしてしまうことになりかねないからです。

　バッティングフォームを変えさせられたためにホームランを打てなくなったのが、

〝アジアの大砲〟と言われた呂明賜《ルー・ミンスー》です。1988年6月、一軍登録された直後のヤクルト戦でスタメンデビュー、初打席でいきなりスリーランホームランを打ちヒーローになった台湾《たいわん》出身の選手です。フォロースルーで右手を離す独特のフォームで2年目はクリーンナップを任せられると期待されましたが、ホームランどころかヒットも打てなくなってしまいました。

じつは、バッティングコーチのひとりが、「右手を離さないようにすれば、もっとシャープなバッティングができるようになる」とバッティングフォームをいじったのが原因。あの個性的な打ちかたができなくなって成績は急降下、4シーズンで台湾に帰っていきました。

メジャーリーグでは、いっぷう変わった投げかたや打ちかたをするピッチャーやバッターをよく見かけるように、そのスタイルで結果を出していればコーチは修正したりしません。その選手の個性として認めるのはあたりまえで、野茂英雄《のもひでお》の後ろを振り返るトルネード投法を修正しなかったのが、いい例です。日本のプロ野球も、少しぐらい欠点・欠陥があっても目をつぶり、長所を伸ばしてやるようになってきているのは、選手のためにもいいことです。

呂は天国から地獄へ直行した悲劇の一例ですが、一軍と二軍のボーダーライン上にいる選手は一度や二度、二軍に落とされたとしてもあきらめてはいけない。首脳陣が二軍行きを命じるのは、「もっと成長して戻ってきてほしい」からであり、子どもの成長を願う親心と同じです。

二軍に戻って大事なことは、「自分はなぜ、一軍で通用しなかったのか」と考えられるかどうか。選手にもよりますが、野手ならたとえ守備固めや代打での起用だったとしても2、3試合は出場しただろうし、ピッチャーもトータルで4、5イニングは投げているはずです。大切なペナントレースでの起用であれば、たとえ敗戦濃厚なシーンでも首脳陣は見ています。足りないところがあるから二軍に戻しているのです。

二軍監督やコーチは、落とされた理由はわかっているから足りなかったところを鍛え直し、長所はもっと伸ばしてやろうと指導することになります。ところが選手のなかには、一軍で手ごたえがあり、「やっていけると思ったのに、どうして落としたんだ」と不満が残り、腐ってしまう者もいます。コーチの言うことを聞かなくなり、練習に身が入らなくなってしまう。

これでは幸運の女神は微笑まない。また、自分の足りない部分に気づくまで数カ月かかるようでは、他のボーダーライン上の選手に先を越されてしまうでしょう。

〝失敗は成功の元〟という言葉があるように挫折をパワーに変えて自分を鍛え直し、また一軍から呼ばれたときにひとまわりもふたまわりも成長した姿を、一軍の首脳陣にアピールできるかどうか。チャンスをつかむとは、そういうことなのです。

岡島秀樹《おかじまひでき》はなぜ、メジャーで成功したのか

巨人から北海道日本ハム、さらにメジャー（レッドソックス）と移るたびにステップアップしている岡島。彼がメジャーリーグで成功した最大の理由は、むこうに行ってからシンカーを覚え、しかもそのコントロールがよいことでしょう。

巨人在籍時の持ち球はストレートとカーブの二種類だけ、しかも制球力はなかったのですが、その適度な荒れ球がバッターに的を絞らせにくくしていました。

日ハムでも中継ぎで使われ、巨人時代より活躍していたのはなぜかとよく聞かれま

したが、珍しいことではありません。

新天地のチームカラーが合っていたと言えるし、これは私の想像ですが、当時のトレイ・ヒルマン監督が岡島をその気にさせるようなコミュニケーション術を持っていたのではないでしょうか。外国人監督はメジャーもそうですが褒《ほ》め上手、おだてるのがうまく、「この試合はおまえに任せた」とでも言われれば悪い気はしなく、絶対抑えてやろうという気になります。

このあたりは日本人にはマネできない、いい意味でのパフォーマンスで、自分のチームが不利になる微妙な判定が下されたケースで、監督がベンチを飛び出し審判と鼻面をつきあわせて猛抗議するのと共通していると言っていいでしょう。

岡島がメジャーに行くと聞いたとき、私を含め球界関係者の多くは日本でのピッチングそのままでは通用しないだろうと見ていました。それがシンカーをマスターして、並みいる強打者をキリキリ舞いさせることになるのです。シンカーを覚えたのは岡島の努力なら、キャッチャーから視線を外すあの独特なフォームがいじられずに、受け入れられたのは岡島が引き寄せた運です。

ゲン担ぎを笑うなかれ

ゲンを担ぐかどうかでも、ONは好対照でした。担ぐのは王さんで、ストッキングもアンダーソックスもスパイクを履くにしても、必ず左足から。私も王さんと同じでしたが、いつもと違う手順にすると打てないのではと思ってしまうからでした。

ところが長嶋さんは、まったくといっていいほど無頓着。遠征試合では今の選手は着替えを入れたバッグなど荷物が多いのですが、私たちの現役のころはじつに身軽で、宿舎を出るときにアンダーシャツとグラブはユニフォームの左右の尻ポケットに押し込み、バットを2本持ってバスに乗り込み球場入りするのがふつうでした。

長嶋さんが遠征先でベンチに入るとき、バットはバットケースに入れたはずなのに、打順が回ってくると自分のバットが見つからない。「もういいや」とばかりに他の選手のバットを持って打席に入り、ヒットを打ったことがありました。

その事実を知っていた選手は、「長嶋さんだからなー」と半ば、あきれながら笑ったものです。エピソードが多すぎる長嶋さん、ゲンを担ぐ暇などなかったのでしょう。

ゲン担ぎをしないタイプは中畑清《なかはたきよし》、清原と現役当時の原監督らがいました。性格や行動もどことなく似たところがありました。

いっぽうゲンを担ぐ選手は、私が知る限り7割ぐらいでしょうか。張本勲《はりもといさお》さん、江川、若手ではメジャーに行った上原がそうでした。桑田がマウンド上でボールをじっと見つめていたのはゲン担ぎではなく、集中力を高めるための儀式でした。

不運・不遇のときの過ごしかた

あのONでもスランプに陥《おちい》ったことがあります。おそらく精神面、技術面の両方が絡んでいるのでしょうが、原因はまったく不明。解明できれば、野球界から天才の称号が与えられるのはまちがいないでしょう。

スランプ状態の王さんと長嶋さんは、とにかく走っていました。王さんはバットを触ろうともしないで、当時の後楽園球場の外野スタンドの両端に立てられていたレフトポールとライトポールの間を10往復はしていました。バッティングは下半身が基本、足腰を鍛え直すには走るしかないと考えたのではないでしょうか。スランプを脱出するまで、とにかく走っていたのが王さんでした。

長嶋さんも走ることは走ったが、それもだいたい2日目まで。3日目になると打撃投手に投げさせるか、バッティングマシンで打っていた姿は、いかにもせっかちな長嶋さんらしいと言えるでしょう。

コーチになってからはスランプ状態で悩んでいる選手がいると、まず王さんと長嶋さんの話をして走ることを勧めましたが、選手は簡単には受け入れてくれません。バッターはバットを振っていないと不安で、打てないのなら守備練習でもいいから体を動かそうとします。ONは次元が違う雲の上のような存在、そのふたりと同じことをしてもスランプは解消できないと思う気持ちは痛いほどわかるから、私もそれ以上は言えませんでした。

勝ち星から遠ざかっているピッチャーも深刻な顔になりますが、これも走ることが下半身の強化になると説明したあとで、精神論で説得するようにしていました。

私から見れば、練習では球が走っているのに勝てないのは、マウンドに上がるとまた打たれるのではないかと腕が縮こまっているのが原因です。本人はそれに気がついていないだけで、自信を取り戻せばポン、ポンと二つ三つ勝てるようになります。

ピッチャーをスランプから脱出させる一番の良薬は、褒めることとおだてること。

すると、けっこうその気になって自信と実力がよみがえり、スランプを脱出します。

メンタルな部分も、かなり大きいのです。

6章

伸びる選手に共通する性格

素質を開花させる性格とは？

Ｖ９当時の巨人軍の選手は猛者《もさ》が多く、夜になると多摩川の合宿所を抜け出すのはあたりまえ、年中行事でした。堀内も柴田勲《しばたいさお》もそうで、夜になるとこっそり抜け出して飲みに出かけるのですが、ただし門限を破っても練習で手を抜くようなことはありませんでした。つまり自分の仕事はなにかを自覚していたからです。

私も門限を破って遊んでいたとき、運悪く川上監督と出くわしてしまったことがありました。夜の12時はとっくに過ぎた自由が丘の喫茶店、ふっと見るとナイター帰りの川上監督とマネージャーが座っているではないですか。「しまった」と思いましたが、もう手遅れ。寮に帰ってからも、翌日には武宮敏明《たけみやとしあき》寮長（２０１０年死去）の鉄拳が飛んでくるだろうと覚悟していましたが、おとがめなし。後日、武宮寮長に聞かされたところによると、川上監督は門限破りの私を見かけた件を話し、「門限はどうなってるんだ」と怒ったらしい。ところが武宮寮長は、「それぐらい元気があるやつじゃないとだめですよ」と庇《かば》ってくれたのだという。

門限破りは悪いことですが、グラウンドに出れば練習に打ち込み、やるべきことをやる。本筋が野球であることを体で覚えているかどうかであり、それがわからず遊びにうつつを抜かす選手は消えていきました。

遊ぶときは遊ぶ、練習するときは練習する。野球に限らず昔から言われてきたことですが、切り替えができるかどうかです。遊びは楽であり、人間は楽なほうへ楽なほうへと流されたくなるものですが、頭の隅にでもいいから「自分の仕事はなにか」を置いておけるかどうかで、野球人生の明暗が分かれるのです。

そのいい例が王さんで、銀座で酒を飲んでいても、「自分のバッティングは、あそこをもう少し変えたほうがいいんじゃないか」と思うと、飲んだ後で一本足打法の師匠だった荒川博《あらかわひろし》さんの自宅にうかがい、

「ちょっと、スイングを見てください」と教えてもらったといいます。王さんは遊んでいるときでも、頭のどこかに一本足打法のことがあり、それこそがプロ意識です。

遊ばない選手はごく少数派、一軍で活躍した例は記憶にありません。よく学びよく遊ぶ、つまりメリハリがつけられないようでは、プロの厳しい練習にも真剣勝負の試合にも耐えられないのではないでしょうか。

素直な選手が伸びるわけ

プロ野球選手に必要な素直さは、聞く耳を持っていることに置き換えられます。まわりのコーチや先輩選手が話す精神論から技術論まで、耳を傾けられる柔軟さがあり、そのなかから自分に当てはまるものを取捨選択できる判断力があるかどうかでしょう。

巨人には、一軍・二軍それぞれに十数人のコーチがいますが、人柄も指導法も当然、十人十色。そのすべてを受け入れようとすると混乱してしまい、それこそ「どうすればいいのか、わからない……」となってしまう。だから、「これは自分に向いてない」「あっ、これはいいな」と選別できるようにならなければいけません。

それには自分から聞きに行くことが大事で、勉強でいえば予習をしている選手です。野球でいう予習とは、1日の練習や試合が終わり宿舎に戻って夕食をすませ音楽を聴いたりテレビを見る前に、「今日の練習でコーチが教えてくれたとおりにバットが出なかったのは、どこがいけなかったのか」「明日は苦手なスライダーを打つ練習をしよう」「守備練習でコーチに逆シングルの送球を学ばなければ」「3打席目に右方向に打てなかったのはなにが原因だったか」というように反省すること。

　そしてテーマを持ってバットを振り、守備のイメージトレーニングをしておくと、次の日にコーチに聞くにしても疑問点が明確になり、コーチも教えやすい。コーチは、私がそうでしたが「こいつはこんなに考えて練習しているのか」とうれしくなり、自分ができるすべてを教えようという気になるのです。

　ただし、聞きにきたからと言ってすぐに教えるわけではありません。コーチから見れば、その選手が考えていることがまちがっていても、まずやらせてみる。やってみて結果が出なかったとわかって、はじめて指導します。

　二軍は一軍に比べて時間的余裕があるように思われがちですが、練習に加えて試合もあるから、それほど変わりません。それでも一軍以上に結果を求められるのです。

　ひとつの結果が出れば、それを基にさらなるレベルアップを目標に練習する。二軍はその繰り返しです。一軍は水準以上のレベルに達しているから一軍であり、二軍はそのレベルに届くために練習する場所なのです。

長所も短所も個性である

練習終了後には必ずコーチ会議があり、選手ひとりひとりについて意見が交《か》わされ、致命的な短所が指摘された選手は、翌日の練習からメニューを変更することもあります。

しかし、プロの世界に入ってくる選手は、どの選手も半端な実力の持ち主ではありません。長所を伸ばしてやれば、短所を十分カバーできるケースがほとんど。それを前提に矯正することになりますが、その場合でもコーチ全員が賛成、全会一致が原則でした。コーチによっては致命的な欠陥とまではとらえず、ヘタにいじって萎縮させるマイナスを心配するからです。

わかりやすい例を挙げれば、バッティングフォームがそうです。グリップの高さをわずか1センチ高くするだけでバッティングが一変する選手がいるように、じつに微妙で、低くしたほうがいい結果につながる選手もいます。体つきや性格からは判断できず、説明のしようがない、それこそが選手の個性と言えます。

長距離バッターとして入団すると、コーチはホームランを打てる選手に育てようとするのは個性を伸ばそうとするからです。ところが、どう教えてもプロで通用するまではならない。それならヒットメーカーにしよう、とスイングを改造してもだめなのです。ホームランもヒットも打てるようになるのが理想ですが、そういう選手はめったにいないのはファンでも知っているとおりです。

長距離バッターは強振しなければならないから、ボールの見きわめが早くなるぶん、三振も多くなる。ヒットメーカーはポイントを遅らせ、ボールを引きつけて打つことでヒットが出る確率は高くなるが、その代償に長打は打てなくなる。ヒッティングポイントに差があるといっても、ボール1個ぶんあるかどうか、そのわずかな違いが大きいのです。

ホームランはヒットの延長と言われることがありますが、私はそうは思いません。長距離バッターではなかった私が、サヨナラホームランを打てたのは気持ちの部分が大きかったからで、ヒットメーカーがホームランを狙って打てるほど、野球は簡単ではありません。

“遊び”がなければ20勝投手・斎藤雅樹《さいとうまさき》は生まれなかった

二軍に新人が入ってくると、首脳陣やコーチの間には3カ月から半年は、ピッチングスタイルやバッティングフォームに手をつけないという暗黙の了解がありました。

高校・大学でずば抜けていたといっても、プロのレベルから見ると、見劣りがして修正したくなりますが、選手自身がどう考えているか見守る必要があり、その猶予期間に、性格や適性も見ようとするのです。

コーチにはがまんの日々ですが、これが思わぬ結果に結びついたのが、後の20勝投手・斎藤雅樹でした。高校時代の斎藤はオーバースロー、正統派の投げかたをしていましたが、練習の息抜きのとき、サイドスローで投げているのを見ると体のバランスがものすごくいいのです。

ピッチャーも守備練習を兼ねて内野ノックを受けることがあり、そこでもサイドスローからみごとな送球をしていました。それを見たあるコーチは、「斎藤をショートで使えば、10年はショートを取らなくていい」と絶賛したくらいうまかった。

ピッチングコーチが上から投げさせてみると、あまりバランスがよくない。内野にコンバートされるのではないかと冷や冷やしていたピッチングコーチは、横から投げるといい球がいくのはわかっていたので、ためしに「斎藤、横から投げてみろ」と促《うなが》し、斎藤がそのとおりにしてみると、ボールに伸びが出るだけでなくキレもある。

それをきっかけにサイドスローに転向、20勝投手、そして巨人の大黒柱のひとりになりました。もちろん、野手になっていても大成していたでしょう。それくらいすばらしい素材でした。

ピッチャーと野手では、性格がちがう

ピッチャーと野手、その性格のちがいは異なる役割から来るもので、たった1球で説明できます。1球でチームが負けるのがピッチャー、対照的に1球でチームに勝利をもたらし、ヒーローになれるのが野手です。だから、グラウンドでも気持ちの持ちかたが全然違います。

私が一軍コーチだったころ、ストッパー、今でいうクローザーに鹿取と角のふたりがいました。そのふたりがキャンプでの全体練習で、牽制《けんせい》練習のとき、

「私たちは牽制練習には参加しません」と言う。その理由を聞くと、「私たちが試合に出るときは、本当にピンチなんです。ランナーを気にしていたら、バッターに立ち向かえません」。それを聞いて私は、

「ちょっと待ってくれ。ゲームになったらそういう気持ちは当然必要だが、今はキャンプなんだ。もし1アウト二塁で、牽制もなにもしないで三塁に走られて1アウト三塁になったら、もっとピンチになるだろう」と言うと、ふたりは、

「わかりました」と納得してくれて練習に加わったことがありました。自分ひとりで責任を負おうとする、つねに一球入魂の気持ちでマウンドに立つのがピッチャーなのです。

バッターは、1試合でふつう4回打席に立ち、3打席は三振したとしても、いいところで1本打てばヒーローになれます。打席に10回立って、いい当たりが野手の正面をつくような不運があったとしても、3回ヒットを打てば3割バッター、好打者と讃《たた》えられます。

ところが、ピッチャーが10球のうち3球打たれたら、まちがいなく二軍行き。だか

ら、ピッチャーと野手は性格というより、気持ちの持ちかたが違うわけです。

ピンチで打たれるピッチャーは気持ちのどこかで、「もし、打たれたら……」と思っているからそうなってしまう。かつてベストセラーになった、不安がそのまま現実になる〝マーフィーの法則〟そのものです。

「あのコースにだけは投げてはいけない」と思うと、逆に球がそこにいってしまう。満塁でボールカウントがフルカウントになって、「打てるものなら、打ってみろ」と開き直り、どまんなかに投げるとそうは打たれないとわかっていてもです。

斎藤が、このタイプのピッチャーでした。ストレートとスライダーの二つだけで巨人のエースになりましたが、横浜戦でKOされて3連敗したことがありました。3連敗のあと広島市民球場《ひろしましみん》に遠征するとき、私は、

「20勝しているピッチャーが、なんでアウトコース、アウトコースと逃げのピッチングをするんだ。インコースへ投げてみろ」

とアドバイスしました。インコースは甘い球だとホームランを打たれる、と思ってしまうと投げられない。そういうピッチャー心理が痛いほどわかるので、「打てるも

んなら打ってみろと開き直って、どまんなかに投げろ」と付け加えました。

ピッチャーはマウンドに立てば「このバッターをアウトにしなければ」と考える。そのため〝思考の範囲〟が狭くなり、腕が縮んで打たれることにもなりかねないのです。

斎藤は広島東洋戦の3戦目に登板、ピンチに本当にどまんなかに投げて三振を取りました。そのときの斎藤のマウンド上の姿は、それまで見たことがないくらい躍動感にあふれていました。

私は当時守備走塁コーチでしたが、ミーティングでは担当以外でも自由に発言できたので、アドバイスが実りました。アウトコースばかり、それもコースぎりぎりに投げようとするのは、逃げのピッチングでしかない、と斎藤はわかってくれたわけです。

対照的にバッターは、3回に一度、いや1試合で考えれば4回に一度ヒットを打てばノルマは達成したことになります。それも試合を決定づけるようなおいしい場面で打てば、たとえそれまで凡退を繰り返していても帳消しになります。

試合後のお立ち台で、「ヤマを張っていたところに来たから、打てた」と明かす選手がいますが、斎藤とは違う意味で開き直っているからヒーローになれる。この開き直りは、ここぞという局面でのコンセントレーション、集中力でもあります。これはピッチャーにもバッターにも当てはまる、プロの世界で生きていくには必要な性格と言っていいでしょう。

プロ向きの性格、アマ向きの性格

プロ向きの性格とアマ向きの性格の違いは、気持ちの持ちかたの差ではないでしょうか。プロという名前がつけば、入場料を払って球場に足を運んでくれるお客さんのおかげで給料をもらっているわけです。ファンを満足させる、「また、見に来たいなあ」と思わせるようなプレーができてこそ、プロと言えます。

内に秘めた闘志とか言われることがありますが、プロに要求されるのは逆に闘志を表に出せること。お客さんを満足させることが最優先され、そのために自分の技術をどう磨くべきかを考えなければならないのです。

芸人は話術やパフォーマンスを売りにしますが、プロ野球はバッティングにしろ守備にしろ、技術＝プレーでお客さんを喜ばせる、それが選手の個性＝売りになり、ひいては性格になります。

清原と桑田はその性格も練習スタイルも対照的でした。桑田は身体能力はありましたが体が小さく、対照的に清原は親からもらった大きな体に加え、優れたパワーも備わっていました。桑田は、小さな体でプロの世界でやっていくにはどうすればいいか、持てる力以上、120％の力を出すにはどうすればいいかをいつも考えて努力していましたが、清原は私が見た限り、努力していたとは思えませんでした。

たとえば練習で50メートル走を課したとき、桑田は全力で走る。いっぽうの清原は、7、8割の力でしか走りません。ふたりともすばらしい成績を残しましたが、桑田は120％の力を出しての結果なのに、清原は70、80％でのもの。清原が桑田のように努力を惜しまない選手だったら、タイトルの二つや三つ、いや、それ以上獲っていたのはまちがいないでしょう。

メジャーのスカウトも重視する選手の性格

野球に限らず、スポーツマンは明るい性格の持ち主が望ましいです。チャンスになれば他の選手と一緒になってさらにもりあげ、ピンチのときには声を出して励ます。野球はチームプレー、団体競技であるからムードが大事、つらい場面でもチーム全体がなんとかなると思えば切り抜けられるものです。

しかし、入団前に選手の性格を知るのは困難です。選手とはドラフト直前のわずかな期間しか接触できないようにスカウト活動に制約があるからです。

高校や大学の監督から聞き出せると思われるでしょうが、聞いてみたとしても、選手の不利になるようなことは絶対に出てこない。自分が手塩にかけて育て、プロから声がかかるようになった人間の悪口を言うはずがないのです。

ヤンキースのスカウトから聞いた話ですが、アメリカではアマチュアのスカウトが1週間前後、選手の家で両親や家族と生活をともにして、家庭環境から性格まで把握するのだそうです。それがプロのスカウトにも伝えられるというわけです。

選手の性格は入団させてから直接話をする、練習中の態度を見る、チームメートとの会話を聞くなどして、少しずつ把握していくしかありません。練習方法も性格に合わせてメニューを組むようにしていましたが、スカウト活動はもっとオープンにさせるべきです。

7章

個性よりも大事な協調性

川上《かわかみ》監督はなぜ、キャッチボールから教えるか

チームプレーの基本は相手への思いやりです。実戦を例に取れば、ランナー一塁でショートゴロが来てセカンドに投げるとき、セカンドがまだ二塁ベースに入っていないのに送球してもダブルプレーにはできません。

相手を思いやるということは相手に合わせる、相手の立場になってみることです。この場合、ショートはセカンドが二塁ベースに入るタイミングに合わせて、ファーストに投げやすい球を投げてやらないといけない。これがチームプレーです。

一軍に上がって、川上監督にまず教えられたのが、キャッチボールするときに相手が捕りやすいところに投げるということ。つまり、野球をはじめる小学生が習うことと同じです。

プロになって基本中の基本を習うとは思ってもみませんでしたが、プロでも大事なのはチームプレーつまりチームワーク。それがしっかりしていないと、どんなに凄いバッターがいても、どれほど優れたピッチャーが投げても勝てないと、すぐにわかりました。

伸びる選手は「協調性」が高い

そうは言っても年間30本ホームランを打てる大砲がいなければ、打線に芯が通らないし、14、15勝は挙げられるピッチャーを2、3人そろえなければ勝ち星は計算できません。

だからスカウトは一年中、日本全国を走り回ってものになりそうな素材を探すのですが、優れた選手がそろっていても、自分勝手なプレーをしては勝てるはずがありません。打つだけ、投げるだけでは試合になるはずがなく、守備もしなければなりません。守備は究極のチームプレーです。併殺プレーはふたり以上の選手が協力しないと完成しないし、なによりピッチャーがキャッチャーにボールを投げないことには試合が始まらない。

名手と言われる野手を思い浮かべてください。サードがラインぎわの難しいゴロを横っ飛びで捕球してアウトにできるのは、投げたボールをファーストがキャッチしてくれるからです。それはふたりの間にあうんの呼吸、協調性があるからです。

ナイスプレーには観客席から賞賛の声があがり、ベンチももりあがる。「よーし、俺に出番が回ってきたら、負けてはいられない」と気合いが入り、チームに一体感が生まれる効果もあります。バッティングも同じで、とくに相手チームのピッチャーが好投して劣勢に立たされているときに1本のヒットが出たのをきっかけに、連続ヒットでKOするのがそうです。

だから、伸びる選手は協調性があるというより、協調性があるから伸びると言ったほうがいいかもしれません。

もっと細かいプレーで協調性があるかどうかを見ることもできます。バッティングで打線のつなぎ役をはたすために、フォアボールでもデッドボールでもいい、追い込まれたらくさい球はカットしよう、とバットを短く持ってとにかく塁に出る、チャンスを広げることが脇役選手の役目。自分のバッティングよりチームバッティングを最優先するわけです。

私のことになりますが、昭和39年にピッチャーで入団し、肩を壊して内野手に転向して3年間は二軍。そして4年目の9月にはじめて一軍に上がりました。二軍ではホームラン王と首位打者を取っていて、野手に転向して2年目にようやく一軍に上がれたのです。二軍では一番か三番、クリーンナップのひとりですから、バットは長く持っていました。ところが、当時の一軍監督・川上さんに、

「上田はどうしてそんなに長くバットを持っているんだ。そんなんじゃ、一軍のピッチャーは打てないぞ」と言われ、

「バッターボックスのもっとピッチャーよりに立て」ともアドバイスされました。言われたとおりにバッターボックスに立ってみると、インコースが打てない。それを川上さんに訴えると、

「それならバットをもっと短く持て」。さらに続けて言われたことはショックでした。「おまえはホームランなんか打つ必要はない。フォアボールでもデッドボールでも、相手のエラーでもいい。なにがなんでも塁に出ることがおまえの仕事だ。打つのは、王と長嶋に任せておけばいい」

　私の大先輩の左バッター、国松《くにまつ》彰《あきら》さんも同じことを川上さんから言われていました。二軍の成績がそのまま一軍では通用しないわけで、国松さんもバットのグリップを一《ひと》握りぐらい余して構えていたのを覚えています。

一軍に上げられて、「俺もプロで通用するんだ。よし、これからはバリバリ打ってやるぞ」と気負っていました。冷静に考えれば、高校から入団4年で一軍入りする選手は、そうはいません。少し天狗になっていたのは確かで、川上さんにその鼻を折られたわけです。プロの厳しさを知らされた瞬間でした。

チームメイトとのつきあいかた

プロ野球で要求されるチームワークは、グラウンド内だけのもので、どうしようもないくらい、そりが合わない犬猿の仲の選手もいます。

しかし、ひとたびグラウンドに散ると、「俺のところに打たせれば、全部アウトにしてやる」とピッチャーに声をかける。

それなのに試合を離れると「あいつは汚いやつだ」とぼろくそに言ったりもする。つるんでメシを食べに行ったりすると、他の球団の選手から「おまえのところは仲がいい、チームワークがいいな」と言われたりすることもありましたが、それはまちがいです。

また、「ちょっと一杯、飲みに行こうか」と誘われて断る選手がいますが、これは大切なこと。「つきあいの悪いやつだな」と言われてもいい、野球にプラスになることを考えて、チームメイトとつきあえるかどうか。誘ったほうも、「わかった」と納得できるかどうか。この自己管理能力に優れていたのが桑田で、イエス・ノーがはっきりしていました。

断るのは体調に少し不安があり、マッサージを受けようとするときだったり、あるいは次の先発に備えて相手チームの資料を読まなければならないとき。それ以外かシーズンオフなら二つ返事で、「ああ、いいよ」。そういうプロ意識を持っていました。

対照的なのが清原で、〝番長〟に誘われて断れる若手などいません。断ろうものなら、「なんだよ、おまえ」となる。このあたりも、番長と言われたゆえんです。そういう意味でも桑田は人望があり、ピッチャー仲間からも慕われていました。桑田は指導者になる資質を十分持っていますから、いつか必ずなる、それもいい指導者になるでしょう。

プロ野球界は特殊な社会に思われがちですが、人とのつきあいは変わらないと思います。最近〝飲みニュケーション〟が復活しつつあると聞きますが、野球界でもシーズンの雌雄を決するような試合を前にしたときはピッチャー陣、野手陣に分かれることが通例ですが、おおいに飲み食いして士気を鼓舞することがあります。

音頭を取るのはベテラン選手が多いですが、もりあがるかどうかはその選手のふだんの行動、言動、つまり人柄しだい。個性派ぞろいのプロ野球界だけに、一目置かれるような人物でなければうまくはいきません。

ライバルがいるからこそ伸びる

協調性を持ちながらも競いあうライバル、とくにひとつのポジションを争う実力伯《はく》仲《ちゅう》のライバルほど刺激を受け、自分を伸ばしてくれる存在はありません。

私がもう少しでショートの定位置を取れそうになったとき、ポジション争いをしたのは黒江《くろえ》透修《ゆきのぶ》さんでした。サードは長嶋さんで不動、セカンドは土井さんでしたが、試合によっては私か黒江さんが守ることがあり、事実上3人でセカンドとショートの二つのポジションを争っていました。

長嶋さんと三遊間を固めていたころ

守備練習になると土井さんはセカンドの位置に立ち、ショートは黒江さんが立つ。後輩である私は、ふたりの顔色をうかがいながら、どちらかの横に立ってノックを受けなければならない。しかし、ふたりとも練習時間を削られるから、いい顔はしません。

半ば強引に割り込もうとすると、土井さんからは「おまえはショートだろう」とやっかい払いされ、ショートでノックが飛んでくるのを待っていると「セカンドに戻れ」と黒江さんに言われる。右往左往に疲れて、長嶋さんの後ろに立つと、「お、一緒にノックを受けよう」と言って気にかける様子もない。

天真爛漫《てんしんらんまん》な長嶋さんに感謝しましたが、牧野茂《まきのしげる》ヘッドコーチに見つかり、「なにをチョロチョロしているんだ、上田はショートだろう」のひとことで、私は黒江さんと交替でノックを受けることになりました。

それでも、ふたりの間にはわだかまりがあるはずもなく、その後もポジション争いは続きました。黒江さんというよきライバルの存在があっての、私だったとも言えるでしょう。

失敗を他人のせいにする選手

野球選手は明るい性格の持ち主がほとんどですが、なかには自分の失敗を他人のせいにする選手もいました。どこの球団で、どこを守っていたかは明かせないのでＡ選手としておきますが、私がもっとも嫌いなタイプでした。

あるとき、そのＡ選手が絡んだプレーが原因で、ある選手が監督から厳しくとがめられていました。しかしＡ選手は、「私は関係ありません」としらを切り続けました。プレーがそんな状態なら、プライベートもひとりよがりで、他の選手の気持ちを汲《く》もうともしません。後輩に迷惑をかけるのは年がら年中で、先輩にも遠慮しませんでした。

そのポジションでは実績を残し、引退後も球界で派手に行動した時期がありましたが、指導者としては所属した球団から声はかかりませんでした。彼を知っているぶん、当然と言えるでしょう。

まじめすぎてもダメ

ライバルを蹴落とす方法のひとつに悪い遊びに誘うという手がありますが、そんな姑息《こそく》なことを考える選手がいたとは聞いたことがありません。ライバルがいなくなっても自分に実力がなければポジションを手に入れられないことはわかっており、正々堂々と戦うほうがスポーツマンらしいと思うからです。

また、野球はグラウンドの9人だけがゲームに参加するスポーツではなく、控え選手も含め、ベンチが一丸となって戦ってこそ、強いチームになるのです。選手としての実力が最優先ですが、それだけではプロとは言えません。

協調性やコミュニケーション能力も要求され、それが備わっていれば品行方正であることは問われないどころか、まじめすぎる選手は毛嫌いされかねません。本業である野球を追求し思いやりもある人物、そんな選手こそ先輩にかわいがられ、後輩からも慕われる理想の野球人像でしょう。

8章

ここがちがう！
一流選手と二流選手の練習

伸びる選手の練習、伸びない選手の練習

伸びる選手の練習、そのいい例は、私が二軍でコーチをしているときに入団してきた、現在は中日で二軍監督をしている川相昌弘《かわいまさひろ》に尽きます。

岡山南《おかやまみなみ》高出身で、甲子園に出場したときはピッチャーでしたが、バッティングセンスもあったので野手に転向させました。体が大きくなく、特別足が速いわけでもなかったので、一軍に上げさせるにはどうしたらいいかを私なりに考えて、川相に話しました。

「まず守備力、『川相のところに球が飛んだら安心だ』ぐらい信頼されるようになれ。バッティングはホームランバッターではなく、盗塁王を取れる快足でもない。一軍で生きる道があるとすれば細かいプレーではないか。エンドランであり、ランナーを進塁させるバッティング、それにバントだろう。それらをしっかり身につけろ。これが一軍に上がる絶対条件だ」

と諭《さと》して、全体練習が終わった後、マンツーマンで指導しました。川相はまじめな性格の持ち主で、守備はめきめき上達し、バントの技術も誰にも負けないほどになり

ました。

そして一軍に呼ばれたのは守備、つまり守備要員としてでしたが、バントをさせるとかなう者はなく、ヒットエンドランなど細かいプレーも巧みにできることを一軍の首脳陣に評価されて二番・セカンドに定着できました。

一軍に上がるために、川相にしかできない技術を磨きに磨いたからこその結果。素質はずば抜けていなくても、努力しだいでプロとして通用するようになれることを証明し、自分の居場所を見つけたのです。

川相とは正反対に伸びない選手というのは、これも二軍のコーチ時代の経験ですが、朝のミーティングで、

「昨夜はバットを振ったか」と聞くと、ひとりは、

「振りました。500本振りました」と元気よく答え、もうひとりは、

「300本ぐらい振りました」と答える。

「そうか、ただ振っただけか」と重ねて聞くと、ふたりは下を向いて黙ってしまいました。

「俺が聞きたいのは、どれだけやったかよりも、なにをやったか。中身なんだ。なにも考えないで500本振るより、アウトコースの低めを想定して100本素振りするほうが大事なんだ」と諭しました。

ただ漫然とバットを振るのではなく、いわばイメージトレーニング。考えて練習する、しないでは大きな差が出るのです。苦手を克服し、他の選手にないものを身につけ、長所はさらに伸ばす、これを実行できるかどうかが、伸びる選手と伸びない選手の違いです。

自分の未熟に気づけるかどうか

調子がいいときは有頂天になるか、それともさらに上を目指して努力できるか。原巨人3連覇の立役者のひとり、小笠原道大《おがさわらみちひろ》が2010年の宮崎キャンプで特守《とくしゅ》が終わってからさらに特打《とくうち》する姿を目にしました。35歳、ベテランの域に達した一流選手のひたむきさは、若手にはなによりのお手本でした。

私はかつて、自分のふがいなさを痛感したことがあります。広島、甲子園、名古屋と遠征が続いたときで、スタメンで起用され途中まで好調だったので、覚えています。広島東洋3連戦でヒット5本、阪神との甲子園はさらに当たりが出て3試合で7本、ところが中日との試合ではピタリと勢いが止まってしまいました。その初戦は、私が苦手にしていたアンダースローの三沢淳《みさわじゅん》に3三振。

悔しくて宿舎のホテルに帰ってから、地下駐車場の薄暗い片隅でバットを振りました。調子もよく、手ごたえを感じていたときでアンダースローも気にならなかったのに、完全に抑えられたことが、納得できなかったのです。

「なんで、あの程度の球が打てないんだ」と自分に言い聞かせながら、100本ぐらい振りました。ナイターが終わり、まだ食事はしていないときで腹も減っていましたが、これだけ振っておけば大丈夫、明日は打てるだろうと切り上げました。

そして翌日の試合、またノーヒット、2三振。「昨日の夜は、あと50本スイングできたんじゃないか。それをしなかったから、三振してしまった」と反省、打てなかったアウトコースを想定し、150回以上素振りをしました。

3試合目はもう使ってくれないだろうと思っていると、この日もスターティングメンバーに私の名前がありました。使い続けてくれる川上監督に感謝しながら打席に入り、いい当たりはあったものの、結局この日もノーヒットに終わります。

名古屋での3連戦終了後、「昨夜はもっとバットを振れたのではないか。なぜ振らなかったんだ、振っていれば……」と悔いだけが残りました。好調が続き自分に甘さがあった、だからもっと素振りできたのにメシが食いたい、シャワーを浴びたい、早く寝て明日に備えたいと考えてしまったのではないかと反省しきりでした。

でも、そんなふうに反省・悔いを残すことは大事なことです。己《おのれ》の未熟さに気がついているうちは向上心があるということですから、もっと上手になれる可能性があるのです。

正月三が日しか休まなかった岡崎 郁《おかざきかおる》

向上心で思い出すのは、現在は巨人の二軍監督である岡崎郁です。彼は、私がコーチ1年目だった1979年に大分商業高《おおいたしょうぎょう》からドラフト3位で入団してきました。ところが、入団して間もなく肋膜炎《ろくまくえん》にかかり、太ってしまいます。

岡崎を見たことがあるファンならわかる、あのスマートな体型が90キロを超え、当時相撲界の人気力士だった小錦《こにしき》のニックネームをそのまま拝借、〝サリー〟と呼ばれるほど堂々とした体になっていました。

疾患が完全に治ってもまだ太ったままの岡崎に、「今のままでは一軍に上がるどころか、二軍の試合にも出られなくなるぞ」と私は言い、休んでいいのは正月の三が日だけ、後は1年中練習漬けの日々を命じました。

岡崎は私の指示を忠実に守り、歯を食いしばって練習、とくに走り込みを重点的にしました。やがて90キロ以上あった体重が元の70キロ台にまで絞られ、間もなく一軍に上がっていきます。その後の活躍はみなさんご存じのとおりです。もしあの猛練習がなければ、まったく無名の選手で終わっていたかもしれません。

人に見せない落合博満《おちあいひろみつ》の練習

どんなに練習しても試合で結果を出せなかったら、練習していなかったに等しいのです。好成績を上げられる自信があれば練習しなくていいのですが、プロはそんなに甘くはありません。

試合前の練習やキャンプではマスコミや評論家が大勢集まり、「なんで、あの選手はあんな軽い練習しかしていないのか」とバッシングされることもあります。しかし、人前では調整程度にとどめ、見えないところで個人練習をやる選手もいます。その個人練習で強く印象に残っているのが落合。それは、まさにオレ流で誰もマネができないものでした。

宮崎のキャンプ地にはドームのバッティング練習場があり、落合はそこに入ると3時間は出てこない。長すぎるから心配になって様子を確かめに行くと、ひとりで黙々と打ち込んでいる。これが、落合の人には見せない練習でしたが、東京ドームでの試合前のフリーバッティングで私が打撃投手を買って出ると、「ゆるいボールを投げてください」と言うから、また驚かされた。

落合が要求したのは、それこそ人を食ったような、小学生でも簡単に投げられる50キロぐらいのスローボール。それを引きつけてポーンとバットに当てるだけの練習。本職の打撃投手が投げる球を打つところは遠征先でも見たことはありませんでした。

すでに打ち込みを終えている落合にとって、試合直前の練習は手首を和らげ、ボールに慣れるための調整だったのでしょう。

練習はその選手の技術を磨くのが目的で、他人に見せてもなんの得もない。パ・リーグで三冠王を二度獲った選手はさすがに違うな、と打撃投手を務めるたびに思ったものでした。

目的意識を持った練習

二軍コーチのとき、朝の出発前のミーティングで選手に必ず話したのは、「目的意識を持って練習するように」ということでした。ウォーミングアップのキャッチボールでも漠然と投げるのか、球を受ける選手の胸めがけてきちんと投げようとするかでは、全然違う。バッティング練習でもライト方向への打球を意識して打てば自然に身につくようになるし、守備練習もそうです。

一軍の練習で、ピッチャーと内野手による連係プレーがあります。ピッチャーがゴロを捕ってセカンドに送球し併殺を狙う練習で、あるとき私が、併殺が完成したかどうかメモしたことがありました。

ワンプレーごとに確かめるうちにわかったのは、ピッチャーからセカンドへの送球が低かったり、ベースカバーに入っていないのに送球することや、野手もファーストへの送球が緩かったりワンバウンドになることがあることでした。

15分程度の短時間の練習、緊張感を持続できないはずはないのに、成功率はわずか30パーセント。10回に7回は失敗で、これが試合だったらと考えると、ひやりとしました。練習が終わり、参加していた選手を集め、

「今日の投内連係の成功率は、わずか30パーセントだった。練習だからと高をくっていては、試合で必ずそのつけが回ってくる。なんのために練習しているか、これからは目的意識を強く持ってやるように」と苦言を呈しました。

シーズン中は練習日というのはなかなか取りにくく、次に投内連係の練習ができたのは1カ月後。練習に入る前に、「目的意識を持つ、わかっているな」と念を押すと、全員がほぼパーフェクトにダブルプレーを完成してみせました。さすがは一軍、プレーの目的を理解するのが早いと感心したものです。

時間が経つのも忘れて打ち込んだ吉村禎章《よしむらさだあき》

私が現場を離れてから入団してきた山口鉄也《やまぐちてつや》投手は、二軍の関係者から聞いたところによると、ダイヤモンドバックスのルーキーリーグでハードそのものの体験をしてきたといいます。

食事はハンバーガーだけ、移動はバスで仮眠を取る程度で試合に臨むのはふつうのことだったらしい。そんな体験をしているから、ピンチに登板しても怖じ気《おけ》づくようなことはないのでしょう。

コーチとして指導した吉村禎章の練習は、落合がそうだったように中身の濃いものでした。吉村がこもったのは落合と同じ宮崎のドーム。落合はあれだけの選手ですから声をかけるのがはばかられましたが、当時の吉村は二軍の一《いち》選手。30分打ち込めばバッティングマシンから離れて外に出てくるのがふつうなのに、1時間経ち、さらに30分が過ぎても出てこない。

打ち込んでも打ち込んでも納得せず、自分を追い込みながら打っているのだろうとは思いましたが、さすがに2時間過ぎると倒れていないかと心配になり、

「吉村、2時間になるぞ。明日もあるんだから、もういいかげんにやめて出てきたほうがいいぞ」と言うと、

「えっ、もう2時間経ちましたか」とケロッとしている。

練習しているところは見ていないから、なにが目的でやっていたかは本人しかわかりませんが、落合と共通するものを感じました。札幌市円山球場《さっぽろしまるやま》でのあの大ケガがなければ、吉村はタイトルを二つか三つは獲っていたでしょう。目的意識を持つ者の凄みと同時に、運のなさを感じさせる選手でした。

長嶋《ながしま》さん、中畑清《なかはたきよし》ならではの練習

魅《み》せるプレーに徹していたのが、ミスターこと長嶋さんと中畑でした。「どうしたら、お客さんは喜んでくれるのか」をいつも考えていました。

私も現役のとき、サードを守ったこともあるのでわかりますが、「左右どっちでもいいから、ちょっと横に飛んでこないかな」という気持ちで守備に就いていました。そんな打球が飛んできたら、やさしいゴロでも少しタイミングを遅らせて横っ飛び、

華麗にダイビングキャッチしてファーストへ。これがお客さんに受ける、それこそ球場全体を揺るがさんばかりの喝采を浴びることになるのです。

このプレーはサードの専売特許みたいなもの、他のポジションでやったとしても受けません。たとえばショートがダイビングキャッチしても、ファーストは間にあうかどうか。ショートの守備位置はサードより深く、同じようなゴロでもアウトにできるかきわどいところです。

だから、サードはもっともアピールできるポジションと言ってよく、私がサードを守ったときも、そういう気持ちになりました。真正面に打球が飛んできてファーストでアウトにしても、おもしろくもなんともない。難しい打球に飛びついて送球するのがサードの醍醐味、〝ホットコーナー〟と言われるゆえんです。

キャンプではミスターも中畑も、本当はダイビングしなくても捕れる球をちょっとがまんして捕る練習を、よくやっていました。

ケガとのつきあいかたで一流、二流が分かれる

ケガとのつきあいかたというより、〝失敗は成功の元〟、という格言で説明したほうがわかりやすい。ケガや故障もそのなかに入るからです。

ミスをしたときに、なぜあのプレーがうまくできなかったか、さらになにが原因でケガをしたのか、故障したのか。いわば〝失敗〟したらそのままにせずに、原因を考えるか考えないかが、一流と二流の境界線です。

「あそこで躊躇《ちゆうちよ》したのがケガにつながったのか」「いや、もっと体を鍛えておけば、フェンスにぶつかっても肩を痛めたりしなかったな」と原因をつきとめたら、それをプラスにできなければいけない。やってしまったことはしかたないので、二度と同じことを繰り返さないようにしなければいけないのです。

ミスやケガの経験をいい方向に持っていけるのが一流であり、それこそ「運が悪かった」のひとことですませてしまうのが二流なのです。

ダルビッシュ有《ゆう》にあって、岩隈久志《いわくまひさし》にはないもの

ダルビッシュ有と岩隈久志、パ・リーグを代表するピッチャーのふたりともそろって、素材はすばらしくピッチングは甲乙つけがたい超一流ですが、違いの基準は故障の有無であり、筋力の強さでしょう。

ダルビッシュは昨シーズン後半、肩や腰に疲れが出て登板していませんが、あれはWBCでの激闘の後遺症と言っていいでしょう。その後、指を骨折していたことも本人の口から明かされていますが、それに気がつかずに投げられたのは、体の強さを証明しています。

いっぽうの岩隈もWBCでダルビッシュと互角以上の好投を演じ、メジャーからも高く評価されて、シーズンでも活躍しました。ただ、岩隈は故障で戦列を離れたシーズンが二度ほどありました。痛めるのは肘でしたが、この箇所は肩より深刻なケースになることが多いのです。

肘と肩は下半身にたとえると、ひざと太ももに該当します。肘とひざは関節部分、肩と太ももは筋肉です。ダルビッシュは筋肉を痛めたことになり、岩隈はひざの故障

を発症したことになる。どちらが長く野球を続けられるか（選手生命が長いか）と言えば、ダルビッシュになるわけです。

太ももは筋肉痛、休養さえ取れば回復する。逆に、肘をたびたび故障したり、不安があるピッチャーは〝肘に爆弾を抱えている〟と言われるように投手生命を脅《おびや》かす可能性まであります。ひざの故障が原因で清原は引退せざるをえなくなり、相撲界でひざを痛めて引退する力士が多いことと共通しています。

ケガを巡る明暗

吉村は大ケガから大手術と必死のリハビリで復帰しましたが、私もある幸運がなければ、選手生命を絶たれていたかもしれませんでした。

それは中日戦で背中にデッドボールを食らったのが原因でした。当たったのは脊髄《せきずい》で、ちょっと足にしびれがありましたが、ベンチで休めば翌日の試合は出られるぐらいにしか考えていませんでした。

しかもベンチに下がった私のかわりに代打に出た黒江さんは、一塁ベースを回るときに捻挫《ねんざ》。足をひきずって戻ってくるのを見て、「よし、これで明日の試合も俺が使ってもらえる」と内心は喜んでいました。試合が終わると川上監督に、

「上田、黒江を吉田《よしだ》先生のところに連れて行け。念のためおまえも診てもらえ」

と言われました。目白駅から吉田接骨院まで、私が黒江さんを背負って行きましたが、そのときも私の背中はなんともなかったのです。

整体師の吉田増蔵《ますぞう》先生は、骨折でも2週間で治すことで知られた伝説の先生。黒江さんは歩くこともできなかったのですが、治療がすむと、

「黒江の足はもう大丈夫、明日の試合には出られる」と言われたとき、私は複雑な心境でした。いっぽう、私はピンピンしているのに吉田先生は、

「上田は、明日の朝7時にもう一度来い。川上には電話を入れておく」と言う。翌朝うかがうと、

「おまえは、ちょっと休まなければいかん」

レントゲン撮影もなく、背中を触っただけでした。ところが、それから3日後、寝てもいられないくらい背中に激痛が走りました。車を運転するどころではなく、タク

シーの助手席で前屈《まえかが》みになって通院しました。なんと、脊髄骨折でそのまま放置しておけば半身不随になったほどの重傷。試合に復帰するまで半年の療養を余儀なくされました。あのまま試合に出ていたらどうなっていただろうと思うと、背筋が寒くなりました。

意識が朦朧《もうろう》とした頭部へのデッドボール

吉田先生には、もう一度お世話になっています。1974年10月、仙台で行なわれた日米野球の親善試合のときのこと。対メッツ戦の8回にデッドボールが頭部を直撃、朦朧とする意識のなかで、「死ぬかもしれない」と思ったのを覚えています。

頭にギプスをはめられながら、国立仙台《こくりつせんだい》病院に運ばれたときも意識はありました。病院につきそってくれた小守《こもり》トレーナーが吉田先生に電話すると、「すぐ連れてこい」となり、病院の医師が「動かせば命の保証はできない」と制止するのも聞かず、東京への最終便で運ばれることになりました。

患部に氷をつめた袋をターバン状に巻き、羽田《はねだ》空港では救急車が待機。そのまま目白の吉田接骨院に運ばれたのも覚えています。国立仙台病院での診察では、直撃された部分が骨折しているだけではなく、亀裂骨折も確認されたのに吉田先生は「治るから、心配するな」と言って、患部に親指の第一関節まで入れる。

そのときの激痛はたとえようもないほどでしたが治療を終えると、「脳内出血はもう止めた」と説明して、その次はボールが当たったところ以外にできていた亀裂骨折も治してくれました。

接骨院はごくふつうの民家で看板も出していませんでした。それなのにいつも全国から患者さんが押しかけ、朝早くから300人は並んでいたほど。東大や慶大の医師は、「治療法を調べてみたが科学的には解明できない」と驚き、新聞の1面に登場したこともありました。

私には命の恩人。先生がいなければ選手生命が絶たれるどころか、今ごろ、この世に存在していなかったかもしれません。

一流選手ほど道具を大事にする

今の世の中は使い捨てがあたりまえになっていますが、大工さんのように鉋《かんな》ひとつにしても大切に扱う習慣はまだまだ残っています。野球選手もいわば職人。今では、グラブを自分の手になじむようにする選手はほとんどいませんが、私の現役当時はごくふつうのことでした。

キャンプには、昭和40年代前半のころでひとつ3万円するアメリカのローリングス社製グラブを二つ持って行きました。1年間にグラブは二つ必要で、もうひとつは予備でしたが、キャンプで自分に合うように作り替えました。

そのやりかたは、グラブをまず水につけて柔らかくしてから、ヒモを全部ほどき、中に入っている綿を減らすか、細くします。

阪神に藤田平《ふじたたいら》という選手がいて、守備でファンブルすることがほとんどない名手でした。グラブにボールが入ると、絶対こぼさない。

甲子園球場の遠征試合でのこと。阪神の守備練習のとき、「ちょっとグラブを見せてくれませんか」と頼むと快く応じてくれ、グラブを私に渡してくれました。手に取ってみると、藤田のグラブには綿が入ってなく、革一枚だけ。革手袋をしているのと同じで、ボールが入ると、きゅっと締まる感じになる。そのかわり痛いが、痛くない取りかたがあり、藤田はそれを習熟していました。

「よし、俺も藤田と同じグラブにしよう」と決断、グラブのヒモをほどいて作り直したことがあります。手の平に当たると、もうつかんでいるに等しい感触がありました。「このグラブが俺の技術を支えてくれているんだ」と以後、私のグラブはこの〝藤田仕様〟でした。

バットも、やはり自分用に作り替えました。精肉店から牛の骨をもらってきて、その脂《あぶら》を染みこませてビール瓶《びん》で木目を締めます。グラブにしろバットにしろ、そこまで手を加えると愛着が生まれるから、大事に使うのです。昔はものがなかったこともありましたが、大工さんと同じで商売道具を大事にするのはあたりまえでした。

バットは運動具メーカーに依頼して作ってもらい、できあがると当時の後楽園球場に持ってきてくれました。自分のバッティングスタイルに合うように注文をつけ、一度に20本を持ってきてくれても、手にしっくりなじむか調べ、芯はどこか確かめて、手元に残るのは5本ぐらいでした。

感触と木目の細かさ、さらに野球をやっている人ならわかるでしょうが芯の響き。バットを持って手で叩き、ブーン、ブーンと鳴るのと、キーン、キーンと聞こえるのがあり、キーン、キーンのほうがいい。現役の選手も、そうやってバットを選んでいるはずです。

ただし、今はグラブは運動具メーカーが持ってきてくれるので、自分でヒモをほどいて手作りしている選手は、キャンプでも見たことがありません。

元木大介《もときだいすけ》が入団してきたときに、まだ新しい硬いグラブを持ってきて、「上田さん、柔らかくしてくれませんか」と言ったほどです。柔らかくするにはオイルを塗ってバッティングマシンで200球ぐらい、キャッチャーの位置に構えて捕ればいい。私が元木のグラブを手にしてそれを実行してみせると、「ああ、そうやれば柔らかくなって、すぐに使えるんですか」と納得していました。

でも、この程度のことはちょっと考えればわかると思います。道具が進化したからでしょうが、これでは愛着が出てくるかどうか……。

9章

人を伸ばす監督、潰す監督

禅の言葉で打撃論を説いた川上監督

私が選手として、あるいはコーチとして接した監督で、敬意を表して最初に名前を挙げるのは川上監督です。14年間（1961〜74年）の監督生活でリーグ制覇は11回を数え、そのすべてで日本一に輝いている名監督。野球の神様であり、前人未踏の9連覇を成しとげた名監督だけに近寄りがたい雰囲気がありました。

試合で三振してベンチに戻ってくるときなどは、監督の前など通れるはずもありません。バットを持ったまま、監督から一番離れたところからそっと戻ろうとすると、ぼそっと「あんな球を三振するようでは、また多摩川だな」の一声がかかることがありました。萎縮こそしなかったものの、本当に多摩川行きを命じられたら、どうしようと思ったことを今でも覚えています。

ただし、選手を庇うべきときには徹底して選手の味方になりました。川崎《かわさき》球場の試合で監督生活でただ一度の退場を経験されていますが、その理由は審判の誤審に抗議したためでした。河埜《こうの》和正《かずまさ》がデッドボールを食らったのに、ボールと判定されてベンチを飛び出したのです。

監督が河埜に確かめると当たったことを認めました。私もそうでしたが当時の選手はぶつけられても痛い顔はするなと教えられており、河埜も平気な顔をしていたのです。審判が見逃したわけで、一度「ボール」とコールすれば判定は変えられません。

川上監督もそれはわかっていますが、試合に負けていたこともあり、河埜のためにも引き下がれなくなった。そのあげく、退場させられたのですが、このエピソードにはまだ続きがあり、試合はその後大洋《たいよう》（現横浜）のエース・平松政次《ひらまつまさじ》を攻略して、大逆転劇が演じられることになります。その立役者は私と冨田勝《とみたまさる》。

翌日、マネージャーからふたりとも監督室に来るように言われ、昨夜はヒーローだったことも忘れ、また怒られるのかと思い恐る恐る入室。ドアを開けるなり直立不動。すると監督から、

「昨夜はいいところで打ってくれたな」とお褒めの言葉を頂いたのですが、

「はいっ」と返事をするのがやっとでした。

川上監督は現役後半のころから座禅を組んでいました。毎年、シーズン終了後の寒さも厳しい12月に岐阜・正眼寺《しょうげんじ》の梶浦逸外《かじうらいつがい》老師の元で1週間、修行していました。

そのせいか川上監督の指導法は禅に由来するものが多く、宮崎キャンプの宿舎では練習に出発するまで全員、座禅を組まされたものでした。

無心になるというのは心を空にすることではないことも教わりました。ひとつのことだけ考えても、目をつぶるといろんな雑念が入ってくる。それを払うために、「数字を数えなさい」と諭されました。「1、2、3、4」と数えているときに雑念が浮かんできても、さらに「5、6、7、8……」と続けて数えていくと、入ってきた雑念が確かに消えていくようになりました。

後楽園球場での試合でベンチに座っているとき、川上監督に呼ばれそばに行くと、

「おい、〝窮《きゅう》すれば通《つう》ず〟という意味がわかるか」と問われたことがありました。

「はい。一生懸命努力していれば、報われる日が来るという意味だと思います」と答えると、

「それでは、〝窮して変《へん》して通ず〟は理解しているか」と新たな質問。素直に、

「わかりません」と答えると、

「書店に行って、調べてこい」

現役時代のユニフォーム。背番号は現在、
小笠原に受け継がれている

「川上監督の言葉だから、おそらく禅の言葉だな」と予想して、その関係の本を探し出し、調べてみると確かにあった。野球選手に当てはめれば、「頭で覚えるのではなく体で覚える」というのがその答えのようでした。

個人ノックを1時間、2時間と受けるときがありますが、休みなしにノックを受け続けて1時間を過ぎると、疲れてへとへとになり、倒れると起きあがるのさえつらくなります。ノッカーはそんな状態になっても倒れているところに打ってきますが、選手は体にぶつかると痛いから無意識にグラブが出るようになるのです。そのときに川上監督は、「それだ」とよく言っていました。〝窮して変して通ず〟とはそのような状態のことです。

だから、守備でゴロのバウンドに合わせて捕ろうとしているうちは、体が動くより前に頭で考えていることになります。自然体で取れるようにならないとだめなのです。また、打席でも「次はカーブか」と思っているようでは打てません。来た球にこれも無意識に反応できる、バットが自然に出るようになる状態を作れ、ということなのです。

川上監督が現役のころ、フリーバッティングで打撃投手にカーブだけ投げさせているうちに、「ボールが止まって見えた」ことがあるという。今も語り継がれている逸話ですが、じつは私も何度か、そういう状態を経験しています。

速いボールが緩く見えたり、みんなが「あのピッチャーの今日の球は速い」と言っているのに、私には緩く感じる状態です。うまくタイミングが合って、打とうとしているポイントにどんぴしゃ、球が来るのです。

ただし、これは何度も経験したわけではありません。あって年に1回か2回にすぎないのですが、そのときの快感は今でもはっきり覚えています。

また、川上監督は、「技術は体得するもの、体で覚えるものだ」ともよく言っていました。これも鮮明に記憶していることのひとつです。

ニックネームで代打を告げた長嶋監督

川上監督からバトンタッチされたのが長嶋監督（第一期、1975〜80年）で、私は3年間は現役選手として、その後はコーチとして仕えました。

長嶋監督はファンが知っているように現役のころから逸話が多かったのですが、監督時代は試合に負けると、ベンチに置いてある水が入ったやかんをぼこぼこになるまで蹴っとばしていました。今から考えると、現役当時はあれほどの成績を残しただけに、「どうして俺のように動けないのか」と、選手のプレーが歯がゆかったのではないでしょうか。

私は二軍コーチになり選手を教える立場になってからは、一軍のレベルで教えると二軍の選手はついて来られないことがわかり、選手ひとりひとりの力に合わせる必要性を学びましたが、一軍経験しかない長嶋監督には理解しようがなかったのかもしれません。

野球教室で小学生に教えるとき、小学生に合わせて教えなければわかってもらえないのと近いでしょう。

また、長嶋監督は選手の名前を覚えないことでも有名でした。まして、顔を合わす機会が少ない二軍選手の名前は記憶にさえ残っていたかどうか。会ったときに選手が名前を言って挨拶すると、「おう、そうかそうか。わかったよ」と答えても、次に会ったときは「誰だったかな」となる。

原田俊治《はらだしゆんじ》（後に原田治明《はるあき》と改名）という左打者をピンチヒッターに指名したときは傑作でした。彼のニックネームは原パン、仲間からいつもそう呼ばれているのを長嶋監督は聞いていたのでしょう。審判に告げる際に、なんのためらいもなく、

「ピンチヒッター、原パン」と告げてしまい、審判が、

「えっ、原パン？」と首をかしげていると、原田を指すようにして、

「こいつだよ」

ベンチ内は大爆笑でした。また、選手の交代を告げるときは、必ず身ぶり手ぶりが入るパフォーマンスもユニークでした。角をリリーフに出すときは、左の腕でサイドスローから投げるようにする。右腕をサイドに構えると、鹿取が出てくるとすぐにわかりました。代打が淡口憲治《あわぐちけんじ》であれば、名前を言うより前に左打ちの構えでベンチを出てくるから相手チームもわかる。

ところで、ベンチの代打要員がそろって監督と目が合わないようにしたのが、指名されたらバントさせられる状況のとき。バントするためにピンチヒッターで出て行く

ぐらい屈辱的なことはなく、それも監督にバントの構えをされながら名前を出されては、ダッグアウトを出るのさえ憂鬱《ゆううつ》になります。

ノーアウト一、二塁、バッターはバントがうまいとは言えない山倉和博《やまくらかずひろ》のときでした。次のピッチャーの打席には、すでに代打の切り札・淡口がスタンバイしていて山倉に代打を出そうと監督がベンチを振り向くと、代打要員もそろって後ろを向く。

私ももちろんそのひとりで、「しょうがないなあ」と山倉がそのまま打席に入ったときは、ほっと胸をなでおろしました。

ところが、山倉のバントがバックネット直撃のファールになるやいなや、ベンチをもの凄い勢いで飛び出して、「バッター、上田」。ベンチにいるときの選手はリラックスするためにスパイクのヒモを緩めているのがふつうで、そのときの私もそうでした。出番になってはじめてヒモを締めるのですが、このときはいきなりなので、その余裕もなく打席に向かいました。

バントはうまく転がせたのですが、一塁に走る間に右足のスパイクが脱げてしまって……下を向いたまま、急いでベンチに戻ったのは言うまでもありません。

優秀な参謀がついていれば……

長嶋監督には、川上監督を支えた牧野ヘッドコーチのような名参謀がいなかったのが悲劇でした。あれだけの大スターだけに、よほどの人物でもないかぎり遠慮するのは当然です。もし、牧野ヘッドがそのまま留任していれば違う結果になっていたのではないでしょうか。

私がコーチになって1年目に行なわれたのが、その後伝説として語られる〝地獄の伊東《いとう》キャンプ〟です。選手は極度の疲労で食事がのどを通らなくなるほどでした。

ある日、コーチミーティングが行なわれているところに宿舎の料理長が顔を出し、「選手は、夜の食事をほとんど残されています」と言います。私は長嶋監督に事情を話すと、

「よーし、わかった。今日はすき焼きにしよう、そしてビールも出せ」と言います。

ちなみにそのキャンプでは、酒は禁止でした。酒を飲めない監督がビールを口にして、すき焼きに箸《はし》をつけると、

「飲みながら食べるすき焼きは、最高にうまい。さあ、選手をみんな呼んできてく

れ」。そして全員が席に着いて、「今日はたらふく飲んで、たらふく食ってくれ」と言うと選手は大喜び、ビールが食を進ませ、みんな生き返るように元気を取り戻しました。翌シーズン、リーグ制覇できたのはこの地獄のキャンプとビールのおかげだったのかもしれません。

1993～2001年までの第二期監督時代は、私は育成監督だったため間接的にしか接点はありませんでしたが、巨人を離れている間、いろいろ勉強されたのでしょう。その勉強が新しい長嶋茂雄になるきっかけになったのか、年齢を重ねたこともあり、落ち着きが出てきていました。

また「監督はベンチにどっしり座っていないとだめだ」と誰かに言われたのでしょう。第一期のときのように、ベンチ内でうろうろする姿も見られなくなっていました。長嶋監督らしくなく、少し寂しさを感じましたが、さすがはミスター・プロ野球、その采配《さいはい》ぶりも堂々たるものでした。

王《おう》監督のきめ細かい指示

王監督（1984～88年）のときには、私はまた一軍の守備走塁コーチに戻りました。王監督も大スター、しかも大陸的なイメージが強いですが、監督としてはきめ細かい指示を出していました。

巨人監督時代はリーグ優勝1回とやや不振でしたが、福岡ダイエーで指揮を執ってからは、名将のひとりに列せられるようになりました。

胃がんを克服して活躍されている姿を目にすると、巨人のV9を長嶋さんとともに支え、いまだ破られることのないホームランの世界記録を樹立した、大打者の勇姿を思い出します。

非情なる紳士・藤田《ふじた》監督

長嶋監督と王監督の前後に二度にわたって指揮を執った藤田元司《もとし》監督（第一期1981～83年、第二期1989～92年・2006年死去）も、長嶋監督に負けず劣らずの〝瞬間湯沸かし器〟、いやそれ以上の沸騰ぶりでした。

ある試合でマウンドに守護神の鹿取がいるときでした。ふつうはピッチングコーチの中村稔《なかむらみのる》が行くのですが、藤田監督が歩き始めると、鹿取の「来なくてもいいです」と言わんばかりの仕草がベンチからも見えました。その日のそれからが大変。藤田監督が荒れに荒れたからです。そして翌年、鹿取は西武にトレードで出されてしまいました。

もうひとり、近鉄からトレードで来た有田修三《ありたしゆうぞう》というキャッチャーも鹿取と同じような運命をたどります。正捕手の山倉とその控えのキャッチャーもケガで出場できず、有田を使うしかなくなったときのこと。

私がロッカールームで、「有田、今日はおまえがスタメンだから」と伝えると、なんと「いや、今日はいいです」と断るではないですか。

「なに言ってんだ、おまえは」と怒ったものの、かたくなに拒否され、しかたがなくありのままを藤田監督に伝えると、「なに、あのやろう」となり、巨人を出され、福岡ダイエーに移籍しました。鹿取も有田も選手として取るべき態度ではなく、当然だったとも言えますが、ふたりがなぜ、あのような行動に出たのかは、いまだにわから

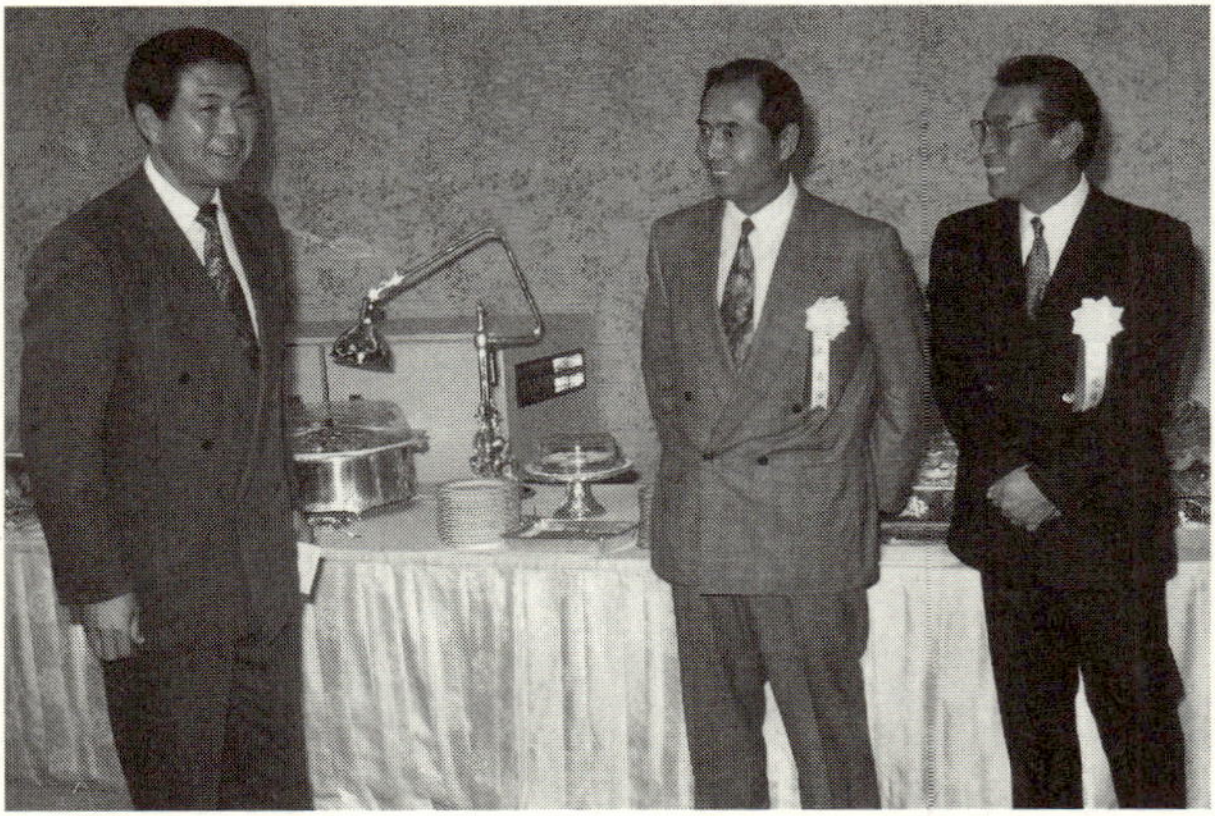

私のプロ野球生活30周年パーティーで藤田さん、王さんと

ずじまいです。

かくいう私も被害者になったと言っていいエピソードがあります。チームが守備に就いているときは、私は必ず藤田監督の横にいました。試合で使うサインは20から30ぐらいあり、野手に出すのも、キャッチャーに出すのも随時、監督に確認して私が出していました。たとえば一、三塁のピンチにダブルプレーを狙うシフトを敷くか、それともバックホーム態勢を取るのか。それを藤田監督が決定し、私がサインを出すのです。

あるときの中日戦、0対0の投手戦になり、ピッチャーは中日が今中慎二《いまなかしんじ》、巨人は斎藤雅樹。8回表、2アウト一塁、中日のバッターはキャッチャーの中村武志《なかむらたけし》。私は外野手に「後ろに下がれ」とサインを出すのが最善の策と判断、監督に了承を取ろうとしました。

外野手の頭を越えられないように守るのがセオリーで、斎藤には「まともに勝負するな」と指示するつもりでした。たとえフォアボールで出塁させて一、二塁になっても、次のバッターは好投している今中、代打は出さないはずだからです。

それで外野手を後ろに下げると藤田監督が、

「おい、そんなに下げなくてもいい」と言います。

「いや、ここは1点勝負。外野の間を抜けたら、1点入りますから」と反論しても、

「いや、下げなくていい」

「中村と勝負しなくていいでしょう。次の今中でアウトは取れますから」

「いや、外野はもう少し前に出せ」

私は3回抵抗しましたが、そこまで監督に突っぱねられると、従うしかなかった。

そして結果は中村に右中間を破られて、0対1の負け。

翌日のスポーツ紙に「巨人は、あんな守備コーチに任せていたら優勝はできない」と書かれました。試合前のミーティングで、私は選手に頭を下げました。「昨日負けたのは、守備コーチの私の責任です」と謝ると、昨夜ベンチにいた篠塚和典《しのづかかずのり》や原が、「選手はみんなわかってますから」と慰めてくれました。ミーティングの後、試合前のシートノックに行こうとすると、藤田監督も「上田、昨日は悪かったな」とひとこと言ってくれました。でもこの一件で、私はコーチ失格の烙印《らくいん》を押されました。

シーズン終了後、藤田監督が辞任、長嶋監督の復帰が決まって守備走塁コーチは私の留任になっていましたが、12月にひっくり返ります。「あんなのを守備走塁コーチに使ったらだめだ」となり、育成監督を命じられました。

これまで結果について一度も言いわけをしたことはなく、今だから話せることです。もし私が本当のことを明かしていたら、そこでコーチは終わりです。

原《はら》監督の画期的な選手育成法

原監督は、第一期（2002~03年）の就任のとき、「監督付きのスカウトを作ってください」と球団代表にお願いしたようです。それまではなかった役職です。「よければ上田さんをお願いしたい」と言い添えたこともあり、私の肩書きは「調査役兼チーフスカウト」に替わり、トレード担当も兼ねることになりました。シーズン中に故障者が出て、どうしても補充しなければならなくなったときに、他球団にどういう候補がいるか、どうすれば取れるのかを監督に報告するのが役目です。

さらに、翌年の新戦力候補のアマチュア選手や監督が要望するポジションの候補選手を伝えるのも仕事で、これを2年間やりました。フロントのひとりですので試合は見ませんでしたが、ドームに行って練習を見た後、よく監督室で一緒にお茶を飲みました。

原監督のすばらしいところは、選手の父親になったり、兄貴になったりできることです。年齢が若いこともあるのでしょう。ときには兄貴としてアドバイスすることもありますが、選手が怠慢なプレーをしたり、全力疾走しないときは監督の顔に戻り、厳しく叱ります。

第二期（2006年～現在）になってから、二軍から一軍に上げた選手を数試合で二軍に戻すことが珍しくないのは、一軍選手の実力を肌で感じさせるのが狙いです。二軍で監督やコーチから、「おまえは、まだ一軍のレベルには達していない。もっと練習しろ」と言われるより、一軍選手のプレーを見れば、「こんなに差があるのか。おれは、まだまだ練習しないとだめだ」とわからせるためです。

それこそ〝百聞は一見にしかず〟そのものであり、これまでの監督にはなかった選手育成法と言っていいでしょう。二軍生活の経験がないスター選手が、二軍選手の気持ちになって考えられるわけです。2009年までセ・リーグ優勝4回の実績を含めると、すでに名将の資格があると思います。

原監督は監督1年目で、いきなりリーグ優勝、さらに日本一になっています。しかし、優勝できずにセ・リーグ3位で終わった2年目、ヘッドコーチだった鹿取が辞任しました。原監督は「優勝できなかった責任は、すべて監督である私にある、私も辞める」と辞任、男のけじめをつけたのかもしれません。

辞任が発表された後、関東地区での最終戦が神宮《じんぐう》球場であり監督室に行くと、「上田さん、コーヒーでも飲みましょうか」と誘われました。「(辞任するのは)残念でしょう」と私が言うと、黙って唇《くちびる》をかみしめていました。この経験で、人間がひとまわりもふたまわりも大きくなったのではないでしょうか。

伝説の野球人・根本陸夫《ねもとりくお》の凄み

スカウトやフロントで働くわれわれの間で、今も語り継がれているのが、根本陸夫さん(1999年死去)です。選手出身でスカウトからフロント、編成部長を経て球団社長の座にまで上り詰めましたが、こんな人物はもう出てこないのではないでしょうか。

根本さんとはじめてお会いしたのは私が高校2年のころ、根本さんが近鉄のスカウトだったころです。高校の監督が根本さんと同じ法政大《ほうせい》→近鉄だったこともあり、仲がよく、当時の近鉄の別当薫《べっとうかおる》監督と根本さんが高校を訪ねて来たことがありました。自由競争のころで、私は8球団から誘われていたものの、早くに近鉄に決めていました。

ところがシーズン終盤の9月、別当監督が辞任することになり、根本さんも近鉄を去ることになります。「上田よ、近鉄に来なくていいぞ。巨人から誘いは来ているか。それなら巨人に行け」と勧めてくれただけでなく、巨人入団までいろいろと骨を折っていただきました。

根本さんが広島東洋の監督だったときは遠征で行くたびに、「巨人を辞めて、うちに来い」と誘われましたが、さすがにハイとは言えませんでした。

根本さんの凄さがわかったのは、福岡ダイエーのフロントだったとき。宮崎にダイエーの新たなキャンプ地を作ることになり、すべてを一任された根本さんはアメリカ式の球場を作ります。形は円形に近く、選手がグラウンドに入るにはファンが待っているところを必ず通るようになっているのです。

これがファンには大受け、春のキャンプの観客数は巨人と互角どころか上回る日もあるほどでした。ファンサービスに徹した根本さんならではの発想は、東北楽天《とうほくらくてん》をはじめ今ではあたりまえになっていますが、選手の育成法や球団経営を含めて大所高所から物事を考え、時代の先を見る慧眼《けいがん》の持ち主でした。

野村《のむら》ＩＤ野球の裏をかいてホームラン

野村克也《かつや》監督のＩＤ野球は、どこか知的で難解な印象を受けますが、その内容は相手チームの選手の特徴や監督の作戦を収集、それをもとに試合の状況に応じた対策を立てると言えばわかりやすいでしょう。

川上監督の９連覇当時、大阪での試合で私は野村さんのＩＤ野球の裏をかいたことがあります。野村さんは監督兼任のキャッチャーで、まだＩＤ野球の冠《かんむり》はつけられていなかったころですが、巨人打線は王・長嶋以外の選手ではカウントが0―2（ノーストライク・ツーボール）か1―3になると、ベンチから「待て」のサインが出ると分析していたようです。

サードコーチャーだった牧野ヘッドコーチから、確かにそのサインが出されていました。0―2、1―3は打者には有利なカウント、打ち気にはやっている選手に「待て」は残酷です。ヒットを打つ確率よりも、フォアボールで出塁する確率のほうが高いからという作戦だったのでしょう。

それは日本シリーズの第2戦、0対1で迎えた5回か6回、私が先頭バッターで打席に入ってカウント0―2になったときでした。牧野ヘッドを見てから、キャッチャーの野村さんに聞こえるようにこうつぶやいたのです。

「ちぇ、ノーツーか、打たせてくれればなー」

野村さんはこのひとことで次の1球は待てのサイン、打ってはこないと判断。私は、どまんなかにスーッとスライダーが来たのを打ち、同点ホームラン。次の打席に入ると野村さんに、「おめえー、だましやがったな」と言われました。

じつは待てのサインは出ていなく、「打ってよし」のサインだった。それを私が野村さんを欺《あざむ》くために、とっさに嘘をついたのでした。野村さんの頭の中には、「ノーツー、それも先頭バッターは打ってこない」というデータが入っていたからです。その試合、私は3安打の猛打賞でした。

その後、野村さんは社会人野球・シダックスの監督になり、私はといえばスカウトとしてシダックスの野間口貴彦《のまぐちたかひこ》投手を狙っていました。調布《ちょうふ》飛行場そばにある球場に通うのが日課、野村さんや選手が来る前に各球団のスカウトも来ていましたが、1月の寒いときですから私は薪《たきぎ》を拾い集めては、野村さんの車がセンターのところに着いてちょうど球場に入ってきたときに、温まれるようにしていました。

現役時代の私のこともよく覚えていて、若いスカウトが野村さんの選手時代を知らないことをいいことに、練習そっちのけでふたりで、よく話し込んだものです。

「野村さん、杉浦忠《すぎうらただし》さんはすごいピッチャーでしたね。アンダースローで150キロは出ていたでしょう」と言うと、

「うーん、そうだなー、150は出ていたなぁ。杉浦にカーブを投げさせると、右バ

ッターはみんな、ひっくり返るんだよなー」。それが、すべてアウトコースのストライクになる。それぐらい変化が鋭く、アンダースロー特有の地面すれすれから高めのストライクになった伝説のピッチャーでした。

もちろん、かつての日本シリーズの話になったときは、「上田にはだまされたよなー」と言われて、溜飲《りゅういん》が下がる思いがしました。

作戦を担当して、ピタリ的中……

野村ＩＤ野球や仰木《おおぎ》マジック（仰木彬《あきら》監督・２００５年死去）のように、監督采配がブランド化され賞賛されることがありますが、手品にはタネがあるように野球のマジック采配のタネはデータ。カンピューター采配と言われた長嶋監督も、データは頭に入っていました。

長嶋監督の現役時代の最後のころに、サード長嶋・ショート上田で三遊間コンビを組んでいたことがあります。忘れもしないのは、阪神不動の四番・田淵幸一《たぶちこういち》が打席に入ると長嶋さんは決まって、「俺は三塁キャンバスぎわをカバーするから、上田は深く守ってくれ」と言いました。

それは、データにはっきり出ていることで田淵の打球は外野に飛ばない限り、70パーセントの確率で三遊間に来ました。田淵は鈍足、ゴロをさばきさえすればゆっくりファーストに送球しても間にあう。田淵の打席になれば、守備位置を下げるのは条件反射に等しく、それを長嶋さんは性格から確認しないではいられなかったわけです。すべてはデータが頭に入っていたからなのです。

第二期・藤田監督の2年目だった1991年、私は守備走塁コーチ兼任で作戦担当を務めていました。巨人軍ピッチャー対他チームのバッター、その打球方向のデータをそろえ、ベンチ前に出て、各選手の守備位置の変更を指示していました。

痛快だったのは、甲子園球場の阪神戦で和田豊《わだゆたか》の打球方向をピタリと読み当て、ピンチを切り抜けたときでした。和田の打球の特徴はレフト方向にはめったに飛ばず、ファースト後方に計ったようにポトリと落ちること。それがデータにはっきり出ていましたから、ライトをラインぎわに寄せ、しかも前で守るように指示しました。

ところが、私が考えた位置よりはるかに後ろだったので、「もっと前、もっと前」

とさらに指示、それこそピッタリのところにフライが飛び、ふたりのランナーをホームインさせることなくチェンジ。もし、ライトが定位置に守っていれば1点は入り逆転されていました。

監督にはなにも言われませんでしたが、その翌日、練習でノックしているときに中畑が私のそばに来て握手を求めてきたことは、百万遍の賛辞にも勝りました。

勝利の方程式はあるか？

Ｖ９の巨人に、特別な勝利の方程式があったわけではありません。その証拠に、２位チームを十数ゲーム引き離すようなシーズンはそれほどなかったはずで、ゲーム差は２、３ゲームがほとんどでした。２ゲームなら巨人が３連敗、２位が３連勝で立場は逆転。それでも９連覇できたのは選手全員が一丸となり、勝利を意識して戦っていたからです。

一軍に対し、二軍の目的は勝負と育成。勝つためにはなにをしなければならないか、をまず教えます。それは監督のサインを忠実に実行することであり、そのための練習を繰り返します。育成は技術的な練習が該当し、身につけられるようになれば勝利に結びつくことになる。サインと技術的な練習の関係が理解できるようになると、状況やカウントに応じてどんなサインが出されるか予測できるようになります。

そうなればサインの見落としはなくなり、勝利に近づくことができます。試合の敗因に、投手力の弱さや打線の不振が挙げられることがありますが、あれはたんなる言いわけにすぎません。シーズンを通して戦うには、日ごろの練習に裏づけられた勝利への意識が大事なのです。ただし、勝ちかたは知っているはずでも、連敗しているチームと対戦するのは、できることなら避けたいのが選手心理。連敗しているからこそ、逆にいつかは勝つからで、連敗チームと戦うのは楽勝と考えるのは早計です。

チームが一丸となるためにはチームリーダーの存在も重要です。監督やコーチは管理職であり、肩書きのない選手は戦術への疑問があってもなかなか聞きにくいのが実情です。でも、同じ選手の立場にあるチームリーダーを介在すれば、聞いてもらうことができます。

たとえば、サインに疑問を持ちながらプレーをしてミスをした選手は、チームリーダーに確かめてもらうことで、間接的ではありますが首脳陣の意図を知り納得、次に同じサインが出されたときに成功につながることにもなります。形を変えたコミュニケーションの取りかたと言えるでしょう。

連敗中の監督は動かない

4連敗、5連敗と負けが込んでいるチームにはどんよりした、暗いムードがチーム全体に蔓延《まんえん》します。監督やコーチは責任感から選手以上に落ち込むものですが、それを顔に出すようでは、首脳陣として失格の烙印を押されても文句は言えません。

そんな最悪のチーム状態にあるとき、意外に効果があるのが、なにもしないこと。フリーバッティングもしなければ、スコアラーが気を利かせて持ってくる相手チームの先発ピッチャーのビデオも観ない、まして対戦チームのデータなど見ない。

どのチームのデータもすべて頭に入っているのに連敗しているのだから、まかりまちがって相手チームの先発ピッチャーのいいときのピッチングを見ようものなら、さらに落ち込むことにもなりかねません。

やぶ蛇のようなことにはいっさい関わりたくないわけで、試合前の練習といえば軽くノックを受け、走り込む程度。それぐらいにとどめておくほうが、試合に集中できることをチーム全員がわかっており、もっとも苦しい立場にある監督は動くはずがないのです。

監督とコーチの関係

名監督と呼ばれる人はコーチを使うのが上手ですが、その前提としてコーチは監督から信頼されなければ、一人前のコーチとは言えません。そのためには選手ひとりひとりの能力、好不調をつねに把握しているだけではなく、対戦チームのデータも頭に入れ、いつ監督から聞かれても答えられるようでなければなりません。

藤田監督は〝瞬間湯沸かし器〟の異名を取ったように、怒りが頂点に達すると選手は恐れをなしたものですが、コーチ会議ではそんな姿を一度も見せたことはありません。

それどころか遠征試合に負けたあと、宿舎での監督とコーチの簡単な反省会で、敗

戦の原因を作った選手の担当コーチが、

「申しわけありません」と頭を下げると、

「負けたことはしょうがない。もう済んだことだ」と言って、マネージャーに、

「ビールを持ってきてくれ」と頼むことがよくありました。みんなが飲み終わるのを見届けると、

「ホテルのバーに俺の酒が置いてある。目一杯飲んでくれ」

と言って席を立つ姿に、コーチはそろって頭を下げたのは言うまでもありません。

コーチの誤った指示で、選手が二軍行き

コーチは選手を発憤させるために、

「おまえなんか田舎（生まれ故郷）に帰れ！」

と強く言うことがあります。もちろん、選手を思ってのことです。なにを言われてもこたえない選手もいましたが、やはり人間だからへコみます。監督・コーチには絶対服従が球界の原則です。

しかし、結果を出せば報われる世界であることは選手も理解しています。ただし、納得できない理不尽な体験もありました。

それは、広島東洋戦で安仁屋宗八《あにやそうはち》というピッチャーを相手にした試合でした。安仁屋はサイドスローで、登板するたびに巨人のバッターは手こずっていました。局面を打開しようと私が代打に起用されたとき、当時のバッティングコーチの安仁屋攻略法は「この1打席だけは俺の言うことを聞いてくれ」と言います。そのコーチから「安仁屋は少なくとも1球はスライダーを投げるから、それを狙って打て」というもの。ところが、私の打席に限ってのことだったのかスライダーは1球も来ない。結局、見送り三振。

コーチの指示だからしかたないとベンチに戻ると、川上監督が血相を変えて私を待っていて、「ピンチヒッターが初球のストレートを、なんで打たないんだ」と雷を落とされました。盛岡への遠征試合のことで帰りは夜行列車に乗り、そのまま多摩川行き。バッグとバットケースを手にして多摩川の合宿所に直行しましたが、コーチはひとこともフォローしてくれませんでした。

同じようなことが、もう1試合ありました。中日戦で1点ビハインドされていた9回表、1アウト二塁での代打でした。二塁ランナーは快足の柴田さんでしたからヒットを打てば同点、ホームランなら逆転劇のヒーローまちがいなしのおいしい場面。

最低でもヒットは打ってやろうと気負いたって打席に入ろうとすると、サードコーチャーが小走りで来て、「柴田には2球目までに盗塁させるから、それまでは打つな」という指示。ランナー三塁になれば外野フライでも1点入り同点になるから、私は待ちました。ところが、1球目のストライクも2球目のストライクも柴田さんは走らない。このときも三振してベンチに戻り、当然のように監督から罵声を浴びましたが、私に指示を出したコーチは事情を説明しようともしませんでした。

このときは多摩川行きは命じられなかったのですが、選手にとって監督やコーチからの指示、サインは絶対命令。逆らうことは許されない。おそらく誤った指示に泣かされた選手は山ほどいると思いますが、そんな理不尽に耐えなければならないのもプロ野球の世界なのです。

10章

コーチとのつきあいかたで差がつく

なにも聞かない選手は消えていく

練習を見ているとわからないことがいっぱいあるはずなのに、なにも聞きに来ない選手がいます。どこをどうすればいいか、見当がつかないから質問もできないのですが、そんな選手を見つけた日は練習終了後のミーティングで、「聞くは一時《いっとき》の恥、聞かぬは末代《まつだい》の恥」とよく言いました。

監督やコーチだけではなく、ライバルでもある同僚の前で、「こんなことを聞くと馬鹿にされはしないか」と尻込みするのはわからなくもないですが、同じ悩みを持っている選手は多いのです。

だから誰かが口火を切ると、みんな真剣に聞きます。それがほんの些細《ささい》なことであったとしても、血となり肉となる。その積み重ねが技術を向上させることにつながるのです。

選手によってはみんなの前では恥ずかしいから、ひとりで聞きに来ることもあり、そんな場合でもコーチはていねいに教えます。それが仕事だからですが、コーチにも得手不得手があって頭を抱えてしまうこともあります。

専門分野の質問であったとしても、うまく答えられないコーチもいますし、不得手なことであれば、おざなりな答えを押しつけるコーチもいます。誰かに、「だめだ、あのコーチは」と言われようものなら、コーチ失格の烙印を押されかねませんが、それはコーチが悪いのではなく選手が聞く相手をまちがっただけのことです。

コーチ生活17年の間には、悪いコーチと一緒に仕事をしたこともありました。しかし、そんなコーチでも選手に比べればはるかに多くの経験があり、的を射た質問をすれば的確な答えは必ず返ってきます。それができないようなコーチはシーズン終了後、担当を替えられるかクビです。二軍フロントにも人事担当がいて、チーム全体を把握しているからです。

また、波長が合わないコーチであれば教えてもらったことのうち、自分に合うところだけを取り入れ、そうではない部分は聞き流せばいい。選手はコーチを利用すればいいのです。

聞き上手、つきあい上手が伸びる

的を射た質問をする選手ほど、どのコーチのところに行けば疑問を解決してくれるか本能的にわかっています。カンがいいとも言え、そういう選手はコーチを乗せるのもうまい。聞き上手であり、つきあい上手なのでしょう。選手に教えるのがコーチの仕事なら、コーチの持っているものを最大限引き出すのは、選手の義務と言えます。

練習メニューをこなしているだけでは、選手の技術は向上しません。練習が終わっても居残り練習する、夜は宿舎で投球を想定してバットを振る。こんな前向きな選手は、その自己流トレーニングにまちがいがあったとしてもむだにはなりません。

もちろん、試行錯誤していているとコーチは気づきますが、けっして途中でアドバイスしたりはしません。自己流でチャレンジしてみて、何度も壁にぶつかり遠回りするのも練習のうちだからで、「いろいろやってみましたが、成果が上がりません。どうか、教えてください」と言って来るまで待つのです。

バッティングの疑問であれば、目の前でバットを振らせる、守備でできないことなら私もグラブをはめて、一緒に構えて動きをチェックする。選手はあれこれやってみて相談に来ているから、それこそ目から鱗《うろこ》が落ちるように理解してくれます。

意地悪をして、あえて遠回りさせているわけではありません。自主的な姿勢を尊重することは、後に一軍に上がったときに役に立ちます。一軍のレギュラーのプレーに接して、どうすれば自分もできるようになるか、考えられるようになります。教えてやりたくてもがまんするのも、コーチの仕事のうちです。

コーチが感じる満足感と醍醐味

二軍時代に根気と忍耐力が身につけば、一軍と二軍を行き来させられるようなことになっても、一軍への渇望感を持続できます。

見込みがある選手、そうではない選手は練習態度に表れます。そのどちらもコーチは等しく指導しようとしますが、見込みのある選手に時間を割くようになるのは自然のなりゆきでしょう。高校までピッチャーしか経験したことがなかった私が、野手転向を命じられ、もがき苦しんでいるときに助け船を出してくれたのが、コーチでもあった武宮寮長でした。

全体練習が終わると他の選手は宿舎に帰りますが、私だけは居残り練習の日々が続きました。それも、たっぷり1時間半は武宮さんからノックの雨です。「なんで俺だけが」と反発したくなるときもありましたが、あの練習漬けの日々があったからこそ、一軍から声がかかり、（自分ではそうは思いませんでしたが）守備のうまさを認められたのだと思います。

すべて武宮さんのおかげであり、それを思い出すと指導にも熱が入りました。コーチは選手を育てるのが仕事、そのなかから一軍で活躍する選手が出てきても報酬に結びつくわけではなく、手にするのは満足感だけ。しかし、その満足感こそがコーチの醍醐味であると実感したのは、私が担当した川相らが一軍に上げられたときでした。

川相も私と同じように、ピッチャーから野手に転向させられたひとり、その苦労は手に取るようにわかりました。練習熱心で前向き、厳しいコースそれもあえて左右にノックを飛ばしても、倒れ込みながらグラブを出す姿は、私にコーチとしてのやりがいを感じさせてくれました。

やる気のない選手は首根っこを捕まえて練習させても、「しかたがないから、つきあってやるか」ぐらいにしか受け取ってはくれず、どんなにノックしても身につきません。選手もコーチもむだな時間を過ごしていることになり、どちらから言うともなく練習しなくなります。選手はうまくなりたい、コーチはうまくしてやりたい、と気持ちが一致してこそ、内容のある練習ができるのです。

コーチは選べ

選手にコーチの教えかたのうまいへたの判断はできません。とくに守備には基本があり、それを自分のものにするには繰り返し練習するしかありません。武宮さんが私に、私が川相に教えたのも基本練習でした。

長嶋さんが三遊間に飛んだ鋭い打球を横っ飛びにキャッチ、華麗なステップでファーストに送球できたのも基本ができていたからで、自分流のスタイルを作るのは一人前のプレーヤーになってからです。

ただし、バッティング技術だけはコーチを選んだほうがいいでしょう。かつて長距離バッターで慣らしたバッティングコーチに、バントのしかたを教えてもらおうとしても教えられるわけがありません。一、二度ぐらいはあったとしても、技術的な部分は教えたくても教えられないでしょう。むしろ、バントだけは練習していたピッチャー出身のコーチに聞いたほうがいいくらいです。

私は守備走塁コーチでしたが、川相にはバッティング面でも協力しました。川相が一軍でレギュラーの座を取るには、守備だけでなくバッティング面でのアピールポイントも必要で、それは小技、進塁打の技術ではないかと考えたからです。

ホームランはいらない、犠牲バントとエンドラン技術があれば、タイプ的に二番バッターにうってつけだったからです。川相はそれをみごとに自分のものにしましたが、それは川相が教えられ上手で目的意識を持って取り組んだからです。

マネて学ぶ＝〝まねぶ〟ことの大切さ

目的意識を持っていれば、一流選手の技術は見るだけでも参考になります。かつて遠征試合の宿舎は日本旅館が多く、畳敷きの部屋に全員集合させられたことがありました。集合したのは、王さんの一本足打法を指導した荒川コーチの部屋。

私たち若手は部屋の隅に正座し、部屋のまんなかに王さんと長嶋さんが立ちます。ふたりのバットを振る姿を見させることが目的でした。荒川さんはバッティングコーチでしたが実際に指導することは少なく、王さんと長嶋さんのバッティングフォームを見て学べ、とくにバットを振ったときの音を聞け、とよく言われていました。

バットを振ったときの音は「ブーン」とやや間のびするのがふつうですが、ふたりの音は「ブンッ」。スイングのスピードが違うからで、マネしようにもできない。ただ、最短距離でバットを出す感覚は、ふたりの素振りが参考になりました。

王さんは片足で構えると30秒は微動だにせず、その姿を私たちも息を詰めて見ていました。これもマネできませんでしたが、荒川コーチは〝マネて学ぶ〟ことの大切さをわかってほしかったのでしょう。

当時はビデオなどなく、参考にするには直接見るしかなかった。今は、遠征先の宿舎はホテルの個室がほとんどで、〝室内バッティング教室〟は実現不可能かもしれませんが、マネて学ぶ＝〝まねぶ〟は、一流選手の技術を見ることがなによりのお手本であることを教えてくれます。

教えを請うのに先輩・後輩は関係ない

教えを請いに来れば先輩後輩は関係なく、他球団の選手でも教えるのが球界の不文律であり、それは今も変わることなく受け継がれています。

私にも経験があります。当時、ヤクルトに在籍していた左腕、安田猛《やすだたけし》のスライダーをひっぱりぎみに打っては凡打を繰り返していたので、その安田をカモにしていた末次さんに攻略法を聞いてみると、「えっ、あの安田を打てないの」と怪訝《けげん》な顔をされて私のほうが面食らいました。

教えてくれた攻略法はじつにシンプルでした。右足を少し引いたクローズドスタンスぎみに構え、スライダーの曲がりにバットが90度の角度で正対するようにして、右中間方向を狙ってみろとのこと。

末次さんから教えられたとおりに打ってみると、打球はきれいに右方向に飛ぶようになりました。教えられても打てないピッチャーもいましたが、末次さんのアドバイスのおかげで安田は苦手ピッチャーのリストから外すことができました。

これと似ていますが、苦笑するしかなかったエピソードもあります。第一期・長嶋監督のとき、舞台は静岡の草薙球場でのヤクルトとのオープン戦。社会人出身でヤクルトで活躍したピッチャー、梶間健一《かじまけんいち》の初登板で、私は初球インコースのストレートをホームラン。

長嶋さんはその1打席だけ強く印象に残ったらしく、シーズンに入り梶間が登板すると必ず「代打、上田」とコール。ところが梶間には一瞬、消えるとしか思えないカーブがあって、私には全然打てる気がしないのです。それなのに梶間が出てくると、必ず「代打、上田」。そのコールを耳にするとロッカールームに逃げたくなったものでした。

上原浩治《うえはらこうじ》の凄さ

上司であるコーチとの関係が良好だっただけではなく、ファンあってのプロ野球であることを自覚していたのが上原です。

私がチーフスカウトからファンサービス部長になり、イベントを企画。多くの選手に「手助けしてくれないか」と声をかけましたが、二つ返事でＯＫしてくれた選手のひとりが上原でした。シーズンオフに頼むことがほとんどで、上原に参加してもらった行事で、もっとも印象に残っているのが骨髄《こつずい》バンクの支援キャンペーンでした。東海《とうかい》大医学部付属病院で骨髄移植のための骨髄提供者（ドナー）が現れるのを待っている子どもたちのためにクリスマスパーティーを開くと、参加してくれたのはもちろん、骨髄バンクにも登録してくれました。東京ドームでの骨髄バンク支援のキャンペーンでは、22番ゲートのステージに立ってファンに訴えてくれました。

２００８年８月、東京ドームでの横浜戦では、「元気になったら、ドームで会おうね」と約束していた新潟のＳくんを招待。始球式に寄り添い、勝利投手になったのもいかにも上原らしかった。その後も骨髄バンクの支援には積極的で、メジャーに移ってからも協力は続いています。

プロ野球選手に限らずスポーツ選手が社会的な活動、ボランティアに参加するようになってきましたが、上原はそれをさりげなく実行しているところに、彼の人間性を感じるのは私だけではないでしょう。

人格的にもすばらしい上原は、プロ野球のピッチャーとしても巨人での実績が物語るように、一流のひとりであることは衆目の一致するところでしょう。その上半身の柔らかさと肩の強さは傑出し、状態さえ万全ならば、メジャーリーガーにもひけは取らないはずです。

ただ、上半身と比較すると下半身に硬さがあり、ピッチングフォームを思い出してもらえばわかるように、突っ立つように投げているために粘りに欠けるところがあります。もう少し、下半身がしっかりしていれば、あと10センチほどステップが伸びて球威はさらに増すはずです。

メジャー1年目だった2009年に太ももを痛めて故障者リスト入りしたのも、上半身の強さに下半身が耐えられなかったのではないでしょうか。下半身を柔らかくするトレーニングをしていても、今の状態が精一杯なのだろうから修正しようがないのですが、ちょっともったいない気がします。

11章

親を見れば、伸びるかどうかわかる

母親のおしりを見る!?

これは私だけの自己流の基準かもしれませんが、プロとしてやっていける体を持っているかどうかは、その母親の「おしり」を見ればわかります。下半身がしっかりしているかどうかを判断するわけで、とくにまだ、体が成長途上の高校生は必ず見ることにしていました。息子の下半身は、おそらく母親から遺伝するからです。

内海がまだ高校生だったころのことです。試合中にスタンドの応援席に行き、「内海選手のお母さんはどこでしょうか」と尋ね、すぐ教えてもらいました。

内海は当時すでに有名で、試合を見に来ているファンなら誰もが知っていましたが、母親の近くまで行って見てみると、どっしりとした、じつにいいおしりをしていました。周囲にいる人は、試合そっちのけであらぬ方向を見ている私を変なやつだと思ったはずです。でも、このときに内海はものになると確信できました。

伸びる選手は下半身が強く、それはおしりが大きいほどいい。投げるにしても打つにしても走るにしても、下半身が基本です。高校生の内海はまだ体が細く、筋肉がついていなかったけれど、鍛えさえすればお母さん以上のおしりにすることができる、と思いました。極論すれば、その選手が伸びるかどうかは、下半身がしっかりしていること、これが一番の条件です。

選手を変える「五つの心」

二軍は野球の技術を鍛えるだけではなく、社会人としての常識を教える場でもあります。プロの世界に入ってくる選手は、小学生のころから大学まで野球では飛び抜けた存在で、お山の大将で過ごしてきています。目に余るほどのいたずらでもしない限り、注意されたり怒られたりしたことはなく、そのぶん社会常識に欠ける選手が少なからずいるからです。

私が育成の監督をしていたころは、新人選手を教育する際、精神的なバックボーンを身につけさせる目的で必ず教えることがありました。それは「五心《ごしん》」と名づけた「五つの心」です。

素直な心　反省の心　謙虚な心　奉仕の心　感謝の心

この五つを朝の練習前のミーティングで確認し、練習が終わってから選手に説くこともありました。その言わんとするところは、じつにシンプルでわかりやすい。

「素直な心」があれば、コーチの懐に入っていけるだけではなく、チームメイトとも胸襟《きょうきん》を開いてつきあうことができ、自然体でチームプレーを大切にするようになります。

「反省の心」があれば、その日一日を振り返ることで、自分をよりいっそう高めることができます。

「謙虚な心」があれば、かつてお山の大将であった慢心を戒《いまし》め、向上心を育《はぐく》むことにつながるでしょう。

「奉仕の心」があれば、犠牲バントを無心で転がすことができるようになります。

「感謝の心」もつねに忘れてはなりません。コーチに教えてもらえば、ありがとうございます、ミスプレーになるところをカバーしてくれた選手にも、ありがとうと言うことができます。

そして、「五つの心」を持って練習に励めば一軍への道が開けることになり、社会

五心《ごしん》

一、「はい」という　素直な心

一、「すみません」という　反省の心

一、「おかげさま」という　謙虚な心

一、「私がします」という　奉仕の心

一、「ありがとう」という　感謝の心

育成監督時代、新人選手に必ず教えた「五心《ごしん》」

人として恥ずかしくない人間になります。選手のなかには志半ばで球界を去らなければならない日が来る者もいます。野球とは縁のない、第二の人生を送らなければならないことになり、世間の荒波にもまれることもあるはずで、その際もこの「五つの心」を支えとして、解決策を見出してほしいと願っています。

アマチュアのときはエースで四番、チームの大黒柱であっても、プロの世界にはそんな選手がごろごろいます。というより、そういう選手の集まりであり入団すると一番下からのスタートになります。その状態に耐え、抜け出すにはなにをすればいいかを考え、練習する選手だけが一軍に上がっていけるのです。

「五つの心」は一軍への道を示唆《しさ》する教えでもあり、砂地が水を吸収するように変わる選手もいます。自分の夢がプロ野球の選手になることで、かなったと満足するようでは二軍のままで終わりかねません。

夢には続きがあり、二軍のレギュラーから一軍入りへと夢をどんどん膨らませていけるかどうか。夢に終わりはなく、続きがあることに気がついた選手だけが伸びるとも言えるのです。

親のしつけと育てかたで決まる

今の日本の子どもたちが置かれている社会環境を考えると、家庭崩壊や学級崩壊など、暗澹《あんたん》たる思いにさせられます。

野球少年たちの家庭はおそらく健全であろうと思うのですが、私が目にした限りでは両親が出しゃばりすぎている感じがします。小学校、中学校での野球だけではなく、リトルリーグ、さらに高校野球と続きますが、いつも親の姿が目につきます。子どもに野球がうまくなってほしい一心からでしょうし、かりだされたりもするのでしょうが世話を焼きすぎます。

あげくのはてが「今日は疲れたでしょう。お肉を買って来たから、おなかいっぱい食べてね」となる。甘やかしもいいところで、これでは野球に限らず上達するために必要な負けん気やハングリー精神が育つはずもない。日本の社会ではハングリーという言葉はもう死語でしょうが、プロの選手になってほしいなら子どもを突き放すことも必要なことをわかってほしいのです。

すべて子ども中心、子どもを大事にするあまり、親が欠席しようものなら、「誰々さんのお母さんが来ていない」と大騒ぎになったりする。なにか急用ができたのかもしれないし、電車が遅れたりすることもあるのに、他人を思いやる余裕もありません。

そんなことが影響しているのか、今の母親は子どもを怒らないだけではなく、礼儀やしつけまで他人任せ。チームの監督やコーチがしつけまですることになりますが、そういう指導をあまりしていないところもあります。私たちのような外部の人間が訪問したときに、しつけをしているチームかそうでないかはすぐわかるのです。きちんと立ち止まって、「おはようございます」と会釈して挨拶するチームもあれば、歩きながら帽子を取って「おはようございます」というチームもあります。

挨拶するときは帽子をかぶっていれば取り、立ち止まってするのが礼儀にかなっています。歩きながらではたとえ帽子を取ったとしても、それは挨拶ではありません。親が頼りにならないから、指導者はよけいな道徳教育まで面倒を見なければならないことになるわけです。

巨人に入団してくるとしつけがなっているかどうかはすぐにわかり、かつては武宮寮長が社会人として通用するように目配りしていたものです。

だめなのは、だめとしか言わない母親

しつけもそうですが、母親を見ていて気になるのは、子どもにだめと言い過ぎること。ほんのちょっとしたことでも、「ケガするから、それはしちゃだめ」と、すぐ注意します。

昔は木登りぐらいは放っておいて、擦《す》り傷を作ってもそのまま、骨折だって一度ぐらいはするのがふつうでした。それどころか、喧嘩してよその子を傷つければ一緒に謝りに行き、擦り傷程度なら謝られた親のほうが、「わざわざこの程度のことで、かえって申しわけありません」と恐縮したものです。それこそ昭和の時代、郷愁と言われればそれまでですが、それぐらいのほうがたくましく育つのではないでしょうか。

なんでもだめとは言わずに、1回はやらせてみること。経験しないとわからないこともあり、結果が出てはじめてだめと言われた意味が納得できるのです。もちろん道路が赤信号のときは渡ってはいけないなど、絶対にだめなことを教えるのは当然です。そういうことは子どもでもすぐ理解できます。挨拶のしかたを含めてしつけとはそういうもので、だめ出しばかりされていると判断力が身につかなくなります。考え

る必要がなくなるからで、子どもをスポイルすることにもなりかねません。

私が担当する野球教室では、指導を始める前に子どもだけではなく、お母さんにも加わってもらって野球という団体生活について話すようにしています。その内容は、野球は9人でやるスポーツですが、ベンチにいる選手も参加していることをまず強調し、団体競技では、思いやりが大切であると例を挙げて説明します。

ボールを投げるときは、受けるほうがもっとも取りやすい胸をめがけて投げること。技術が未熟で送球がそれたからといって、怒ったりしてはいけない。実戦練習では、たとえばショートが捕球して二塁に送球するときは、セカンドがベースに入るのを確認してからなどです。

これらは相手の立場に立ってプレーすることの大切さ、思いやりであり、チームプレーの基本。もちろんコーチをしていたころは、選手にも繰り返し説いてきたことです。野球が上手になる基本であり、子どもたちに向かって話すと同時に、保護者である母親にも聞いてほしいから貴重な時間を割くわけです。

巨人の選手を例に挙げれば、清原がいい見本になるかもしれません。いかつい顔と体で自分勝手なプレーをしていたような印象を持つファンも多いでしょうが、実際はそうではありません。ファーストで1アウトを取ってピッチャーに返球するとき、少しでも球がそれると、「悪い悪い、ごめんな」と謝っていました。どんなときにもチームプレーを心がけていた選手です。

野球教室も団体生活のひとつ。「思いやりの気持ちが身につけば、いじめもなくなるでしょう」とアドリブを入れると、お母さんたちもうなずいてくれるだけではなく、子どもの目もお母さんの目も輝きます。

ドミニカの野球少年とメジャーの育てかた

私はスカウト時代の２００４年、先だっての地震で20万人を超える犠牲者が出たと言われるハイチに隣接するドミニカ共和国を視察に行ったことがあります。ドミニカにはメジャーリーグの多くの球団がアカデミーを持ち、日本の球団では広島東洋がカープアカデミーを開設しています。そのアカデミーとは、どういうものなのか調べるのが視察の目的でした。

行ってみてまず驚いたのは、本当に貧しい国で、住んでいるところは掘立小屋どころではありません。ブロックを積んで、その上にビニールシートを一枚かけてあるようなところで生活しているのです。さらに、ドミニカには義務教育がなく、裕福な家庭の子どもしか学校に行けない現実にも驚かされました。

だから、彼らの夢というのは、野球がうまくなってアメリカに渡り稼ぐことしかないのです。ちょっとした空き地があれば、キャッチボールに三角ベースと、いたるところで野球をやっていました。

そんな小学生のなかから、将来のメジャーリーガーの卵を探す現地スカウトが、メジャーの球団にはいます。ヤンキースだけで4人、おそらく他の球団も担当者が常駐しているはずで、トータルすれば100人はくだらないのではないでしょうか。

目をつけた子どもが16歳になるとアカデミーに入学させて2年間鍛えるわけですが、その鍛えかたも変わっています。まず、1年間はたらふく食事を与えてトレーニングさせるだけ。それで体を作り、その後の1年は野球に関する技術的なことをみっちり教える。また、ほとんどの子どもが学校に通っておらず、読み書きさえも不自由な子が多いので、夜は2時間ぐらい勉強の時間も設けています。メジャーはそこまでやっています。

そして18歳になると、メジャーリーグと契約することになります。スタートは、1Aかルーキーリーグの場合がほとんどです。私が訪れた当時、メジャーリーグに入団する選手で一番多いのは当然アメリカ人、その次はドミニカ人でした。ドミニカから1年に約400人もの選手がメジャーリーグと契約するのは、このアカデミーがあるからと言えます。

ドミニカ出身のスター選手、サミー・ソーサやペドロ・マルチネスが豪邸に住んでいるのを目のあたりにして、「野球がうまくなったらこういう家に住めるんだ、いいものが食べられるんだ、よーし、絶対スターになってやるぞ」と、大きな目標ができることになります。日本人が失ってしまったハングリー精神が、ドミニカの子どもたちにはまだあるのです。

巨人軍・ドラフト指名選手（1980〜2009年度）

★＝本文中に登場する選手、監督

年　度	順　位	選手名	守　備	出　身
1980	1	★原 辰徳	内野手	東海大
	2	★駒田 徳広	投手	桜井商業高
	3	小原 正行	投手	臼杵商業高
	4 入団拒否	瀬戸山 満年	捕手	中京高
1981	1	槙原 寛己	投手	大府高
	2	山本 幸二	捕手	名古屋電気高
	3	★吉村 禎章	内野手	PL学園高
	4	橋本 敬司	投手	富士重工業
	5	村田 真一	捕手	滝川高
	6	仁村 薫	投手	早稲田大
1982	1	★斎藤 雅樹	投手	市立川口高
	2	岡本 光	投手	松下電器
	3	石井 雅博	外野手	明治大
	4	★川相 昌弘	投手	岡山南高
	5	中島 浩人	投手	日本鋼管
	6	藤本 茂喜	内野手	明徳高
1983	1	水野 雄仁	投手	池田高
	2	香田 勲男	投手	佐世保工業高
	3	林 哲雄	内野手	岐阜第一高
	4	加茂川 重治	投手	茨城東高
	5	福島 敬光	内野手	荒尾高
	6	上福元 勤	内野手	早稲田実業高
1984	1	上田 和明	内野手	慶応義塾大
	2	藤岡 寛生	内野手	三田学園高
	3	宮本 和知	投手	川崎製鉄水島
	4	佐藤 洋	捕手	電電東北
	5	井上 真二	外野手	熊本工業高
	6	藤本 健治	内野手	東海大相模高
1985	1	★桑田 真澄	投手	PL学園高
	2	広田 浩章	投手	NTT中国

年　度	順　位	選手名	守　備	出　身
1985	3	渡辺 政仁	投手	北陽高
	4	本原 正治	投手	広陵高
	5	福王 昭仁	内野手	明治大
	6	杉浦 守	外野手	愛工大名電高
1986	1	木田 優夫	投手	日大明誠高
	2	水沢 薫	投手	河合楽器
	3	高田 誠	捕手	法政大
	4	樽見 金典	投手	柳川高
	5	勝呂 博憲	内野手	日本通運
	6	緒方 耕一	内野手	熊本工業高
1987	1	橋本 清	投手	PL学園高
	2	後藤 孝次	内野手	中京高
	3	磯貝 公伸	投手	宮崎南高
	4	小沢 浩一	内野手	三菱自動車水島
	5	益田 明典	投手	愛知学院大
	6	杉山 直樹	捕手	沼津学園高
1988	1	吉田 修司	投手	北海道拓殖銀行
	2	松谷 竜二郎	投手	大阪ガス
	3	佐川 潔	投手	金足農業高
	4	四條 稔	内野手	三菱自動車川崎
	5	前田 隆	内野手	三菱自動車水島
	6	高梨 芳昌	内野手	札幌第一高
1989	1	★大森 剛	内野手	慶応義塾大
	2	川辺 忠義	投手	川崎製鉄千葉
	3	吉岡 雄二	投手	帝京高
	4	佐久間 浩一	外野手	東海大
	5	鈴木 望	内野手	駒澤大
	6	浅野 智治	投手	岡山南高
1990	1	★元木 大介	内野手	上宮高卒業
	2	吉原 孝介	捕手	川崎製鉄水島
	3	藤崎 靖彦	外野手	新日鉄八幡
	4	阿部 茂樹	捕手	秋田高
	5	原 正俊	投手	日大二高
	6	内田 大孝	内野手	佐賀学園高
1991	1	★谷口 功一	投手	天理高
	2	小原沢 重頼	投手	城西大

年　度	順　位	選手名	守　備	出　身
1991	3	松岡 正樹	捕手	平安高
	4	伊藤 博康	外野手	東北福祉大
	5	三好 正晴	投手	川口工業高
	6	羽根川 竜	投手	東北高
1992	1	★松井 秀喜	内野手	星稜高
	2	門奈 哲寛	投手	日本大
	3	★西山 一宇	投手	NTT四国
	4	木村 龍治	投手	青山学院大
	5	村田 善則	捕手	佐世保実業高
1993	1 逆指名	三野 勝大	投手	東北福祉大
	2	柳沢 裕一	捕手	明治大
	3	★岡島 秀樹	投手	東山高
	4	大畑 裕勝	内野手	柳川高
	5	佐藤 充	投手	駒大岩見沢高
1994	1 逆指名	河原 純一	投手	駒澤大
	2 逆指名	織田 淳哉	投手	早稲田大
	3	福井 敬治	投手	智弁学園高
	4	斉藤 宜之	外野手	横浜高
	5	高村 良嘉	内野手	新日鉄光
1995	1	★原 俊介	捕手	東海大相模高
	2 逆指名	仁志 敏久	内野手	日本生命
	3	清水 隆行	外野手	東洋大
	4	大場 豊千	投手	上宮高
	5	大野 倫	外野手	九州共立大
	6	小林 聡	投手	水戸農業高
1996	1 逆指名	入来 祐作	投手	本田技研
	2 逆指名	★小野 仁	投手	日本石油
	3	★三沢 興一	投手	早稲田大
	4	鈴木 尚広	内野手	相馬高
	5	宇野 雅美	投手	花園高
	6	堀田 一郎	外野手	中央大
1997	1 逆指名	★高橋 由伸	外野手	慶応義塾大
	2 逆指名	川中 基嗣	内野手	日本通運
	3	山田 真介	投手	上宮高
	4	小田 幸平	捕手	三菱重工神戸
	5	田中 健太郎	投手	松商学園高

年　度	順　位	選手名	守　備	出　身
1997	6	中村 善之	投手	新日鉄八幡
	7	吉村 将生	内野手	東海大四高
	8	平松 一宏	投手	JR西日本
1998	1 逆指名	★上原 浩治	投手	大阪体育大
	2 逆指名	★二岡 智宏	内野手	近畿大
	3	加藤 健	捕手	新発田農業高
	4	安原 政俊	投手	中央学院高
	5	酒井 純也	投手	矢上高
	6	玉峰 伸典	投手	王子製紙春日井
	7	進藤 実	投手	NTT東北
	8	高野 忍	外野手	中山製鋼
1999	1 逆指名	高橋 尚成	投手	東芝
	2 逆指名	谷 浩弥	投手	田村コピー
	3	佐藤 宏志	投手	亜細亜大
	4	内薗 直樹	投手	三菱重工長崎
	5	條辺 剛	投手	阿南工業高
	6	十川 孝富	内野手	大阪商業大
	7	宮崎 一彰	内野手	元いすゞ自動車
2000	1 逆指名	★阿部 慎之助	捕手	中央大
	2 逆指名	上野 裕平	投手	立教大
	3	三浦 貴	投手	東洋大
	4	根市 寛貴	投手	光星学院高
	5	川本 大輔	投手	広陵高
	6	山下 浩宜	内野手	九州共立大八幡西高
	7	小野 剛	投手	武蔵大
	8	李 景一	捕手	敦賀気比高
2001	1	★真田 裕貴	投手	姫路工業高
	3	鴨志田 貴司	投手	水戸短大附高
	4	石川 雅実	投手	JR東日本
	5	十川 雄二	投手	池田高
	6	大須賀 允	内野手	東北福祉大
	7	林 昌範	投手	市立船橋高
2002	自由獲得枠	木佐貫 洋	投手	亜細亜大
	自由獲得枠	久保 裕也	投手	東海大
	4	長田 昌浩	内野手	東海大望洋高
	5	山本 光将	外野手	熊本工業高

年　度		順　位	選手名	守　備	出　身
2002		6	矢野 謙次	外野手	国学院大
		7	入野 久彦	捕手	福岡大
		8	横川 雄介	捕手	都立日野高
2003		自由獲得枠	★内海 哲也	投手	東京ガス
		2	西村 健太朗	投手	広陵高
		4	平岡 政樹	投手	徳島商業高
		5	岩舘 学	内野手	東洋大
		6	山本 賢寿	投手	帝京大
		7	佐藤 弘祐	捕手	東北高
		8	南 和彰	投手	福井工業大
2004		自由獲得枠	★野間口 貴彦	投手	シダックス
		自由獲得枠	三木 均	投手	八戸大
		4	★亀井 義行	外野手	中央大
		5	木村 正太	投手	一関一高
		6	星 孝典	捕手	東北学院大
		7	東野 峻	投手	鉾田一高
2005	大学生・社会人	希望入団枠	福田 聡志	投手	東北福祉大
		3	栂野 雅史	投手	新日本石油
		4	越智 大祐	投手	早稲田大
		5	脇谷 亮太	内野手	NTT西日本
		6	深田 拓也	投手	中京大
		7	会田 有志	投手	中央大
		8	梅田 浩	外野手	創価大
	高校生	1	辻内 崇伸	投手	大阪桐蔭高
		3	加登脇 卓真	投手	北照高
		4 入団拒否	福井 優也	投手	済美高
	育成選手	1	★山口 鉄也	投手	ダイヤモンドバックス・ルーキーリーグ
2006	大学生・社会人	希望入団枠	金刃 憲人	投手	立命館大
		3	上野 貴久	投手	NTT東日本
		4	円谷 英俊	内野手	青山学院大
		5	深沢 和帆	投手	香川オリーブガイナーズ
		6	寺内 崇幸	内野手	JR東日本
		7	深町 亮介	投手	中京大
	高校生	1	★坂本 勇人	内野手	光星学院高
		3	田中 大二郎	内野手	東海大相模高
		4	伊集院 峰弘	捕手	鹿児島実業高

年度		順位	選手名	守備	出身
2006	育成選手	1	鈴木 誠	投手	JR東日本
		2	下山 学	外野手	青森大
		3	松本 哲也	外野手	専修大
		4	隠善 智也	外野手	広島国際学院大
		5	芦沢 明	内野手	元シダックス
		6	作田 啓一	外野手	苫小牧駒澤大
		7	大抜 亮祐	投手	中京高
2007	大学生・社会人	1	村田 透	投手	大阪体育大
		3	古川 祐樹	投手	明治大
		4	加治前 竜一	外野手	東海大
	高校生	1	藤村 大介	内野手	熊本工業高
		3	中井 大介	外野手	宇治山田商業高
		4	竹嶋 祐貴	投手	滑川高
	育成選手	1	籾山 幸徳	内野手	立命館大
		2	西村 優希	投手	遠軽高
		3	谷内田 敦士	捕手	北照高
2008		1	大田 泰示	内野手	東海大相模高
		2	宮本 武文	投手	倉敷高
		3	齋藤 圭祐	投手	千葉経大付高
		4	橋本 到	外野手	仙台育英高
		5	笠原 将生	投手	福岡工大城東高
		6	仲澤 広基	内野手	国際武道大
	育成選手	1	杉山 晃紀	投手	綾部高
		2	尾藤 竜一	投手	早稲田大中退
		3	山本 和作	内野手	大阪経済大
		4	福元 淳史	内野手	NOMOベースボールクラブ
2009		1	★長野 久義	外野手	Honda
		2	鬼屋敷 正人	捕手	近畿大工高専
		3	土本 恭平	投手	JR東海
		4	市川 友也	捕手	鷺宮製作所
		5	小野 淳平	投手	日本文理大
	育成選手	1	星野 真澄	投手	信濃グランセローズ
		2	河野 元貴	捕手	九州国際大付高
		3	陽川 尚将	内野手	金光大阪高
		4	大立 恭平	投手	岡山商科大
		5	神田 直輝	投手	群馬大

本書は、祥伝社黄金文庫のために書き下ろされた。

プロ野球スカウトが教える一流になる選手 消える選手

一〇〇字書評

切り取り線

購買動機（新聞、雑誌名を記入するか、あるいは○をつけてください）

- □（　　　　　　　　　　　　　　）の広告を見て
- □（　　　　　　　　　　　　　　）の書評を見て
- □ 知人のすすめで
- □ タイトルに惹かれて
- □ カバーがよかったから
- □ 内容が面白そうだから
- □ 好きな作家だから
- □ 好きな分野の本だから

●最近、最も感銘を受けた作品名をお書きください

●あなたのお好きな作家名をお書きください

●その他、ご要望がありましたらお書きください

住所	〒				
氏名		職業		年齢	
新刊情報等のパソコンメール配信を 希望する・しない	Eメール	※携帯には配信できません			

あなたにお願い

この本の感想を、編集部までお寄せいただけたらありがたく存じます。今後の企画の参考にさせていただきます。Eメールでも結構です。

いただいた「一〇〇字書評」は、新聞・雑誌等に紹介させていただくことがあります。その場合はお礼として特製図書カードを差し上げます。

前ページの原稿用紙に書評をお書きの上、切り取り、左記までお送り下さい。宛先の住所は不要です。

なお、ご記入いただいたお名前、ご住所等は、書評紹介の事前了解、謝礼のお届けのためだけに利用し、そのほかの目的のために利用することはありません。

〒一〇一-八七〇一
祥伝社黄金文庫編集長　吉田浩行
☎〇三（三二六五）二〇八四
ohgon@shodensha.co.jp

祥伝社ホームページの「ブックレビュー」からも、書けるようになりました。
http://www.shodensha.co.jp/bookreview/

祥伝社黄金文庫

祥伝社黄金文庫　創刊のことば

「小さくとも輝く知性」――祥伝社黄金文庫はいつの時代にあっても、きらりと光る個性を主張していきます。

真に人間的な価値とは何か、を求めるノン・ブックシリーズの子どもとしてスタートした祥伝社文庫ノンフィクションは、創刊15年を機に、祥伝社黄金文庫として新たな出発をいたします。「豊かで深い知恵と勇気」「大いなる人生の楽しみ」を追求するのが新シリーズの目的です。小さい身なりでも堂々と前進していきます。

黄金文庫をご愛読いただき、ご意見ご希望を編集部までお寄せくださいますよう、お願いいたします。

平成12年（2000年）2月1日　　　　祥伝社黄金文庫　編集部

プロ野球《やきゅう》スカウトが教《おし》える一流《いちりゅう》になる選手《せんしゅ》　消《き》える選手《せんしゅ》

平成22年4月20日　初版第1刷発行

著　者　上《うえ》田《だ》武《たけ》司《し》
発行者　竹内和芳
発行所　祥《しょう》伝《でん》社《しゃ》
東京都千代田区神田神保町3-6-5
九段尚学ビル　〒101-8701
☎03（3265）2081（販売部）
☎03（3265）2084（編集部）
☎03（3265）3622（業務部）
印刷所　堀内印刷
製本所　積信堂

造本には十分注意しておりますが、万一、落丁、乱丁などの不良品がありましたら、「業務部」あてにお送り下さい。送料小社負担にてお取り替えいたします。

ISBN978-4-396-31509-2　C0195

祥伝社のホームページ・http://www.shodensha.co.jp/